Pagamento Indevido

Pagamento Indevido

2019

Fábio Calheiros do Nascimento

PAGAMENTO INDEVIDO
© Almedina, 2019

Autor: Fábio Calheiros do Nascimento
Diagramação: Almedina
Design de Capa: FBA.
ISBN: 978-85-8493-532-1

Dados Internacionais de Catalogação na Publicação (CIP)
(Câmara Brasileira do Livro, SP, Brasil)

Nascimento, Fábio Calheiros do
Pagamento indevido / Fábio Calheiros do Nascimento. – São Paulo: Almedina, 2019.

Bibliografia.
ISBN 978-85-8493-532-1

1. Contratos 2. Direito civil 3. Enriquecimento ilícito 4. Obrigações (Direito) 5. Pagamento 6. Responsabilidade civil I. Título.

19-30345   CDU-347.4

Índices para catálogo sistemático:

1. Pagamento indevido: Direito das obrigações: Direito civil 347.4

Maria Paula C. Riyuzo - Bibliotecária - CRB-8/7639

Este livro segue as regras do novo Acordo Ortográfico da Língua Portuguesa (1990).

Todos os direitos reservados. Nenhuma parte deste livro, protegido por copyright, pode ser reproduzida, armazenada ou transmitida de alguma forma ou por algum meio, seja eletrônico ou mecânico, inclusive fotocópia, gravação ou qualquer sistema de armazenagem de informações, sem a permissão expressa e por escrito da editora.

Outubro, 2019

Editora: Almedina Brasil
Rua José Maria Lisboa, 860, Conj. 131 e 132, Jardim Paulista | 01423-001 São Paulo | Brasil
editora@almedina.com.br
www.almedina.com.br

Dedico esta obra aos meus pais *Cláudio* e *Claudete*,
por terem se esforçado tanto pela minha educação;
ao meu irmão *Márcio*,
por ser um companheiro para todas as horas, desde sempre;
à minha amada esposa *Seong*,
pelo afeto demonstrado a cada dia, o que alimenta minha alma,
bem como pelo apoio e incentivo aos estudos;
e, por fim, aos meus filhos *Gabriel* e *Mariana*,
por terem dado um novo significado à minha vida
e por me levarem a querer ser uma pessoa melhor.

AGRADECIMENTOS

Meus agradecimentos aos professores Fernando Campos Scaff e Marco Fábio Morsello pelos apontamentos que fizeram por ocasião da realização da banca de qualificação, o que me permitiu melhorar o trabalho em vários aspectos; e ao professor e orientador Cláudio Luiz Bueno de Godoy, em especial, por ter me ajudado a raciocinar e ampliado a minha visão sobre o tema desde o início do trabalho, com paciência e objetividade.

SUMÁRIO

APRESENTAÇÃO	13
INTRODUÇÃO	15
CAPÍTULO 1 – DO PAGAMENTO INDEVIDO E SUA NATUREZA	19
1.1. As Fontes das Obrigações no Direito Romano	19
1.2. As Fontes Modernas das Obrigações	22
1.2.1. Contratos	25
1.2.2. Atos Unilaterais	28
1.2.2.1. As Declarações Unilaterais de Vontade	32
1.2.2.2. Os Atos Restitutórios	35
1.2.2.2.1. O Enriquecimento sem Causa como Fundamento dos Atos Restitutórios	36
1.2.2.2.2. A Subsidiariedade do Enriquecimento sem Causa	42
1.2.3. Responsabilidade Civil	46
CAPÍTULO 2 – O PAGAMENTO INDEVIDO NO DIREITO ESTRANGEIRO	53
2.1. Sistemas da Teoria Geral do Enriquecimento sem Causa	55
2.1.1. Alemanha	55
2.1.2. Portugal	59
2.2. Sistemas do Pagamento Indevido como Quase-Contrato	66
2.2.1. França	66

	2.2.2. Espanha	70
2.3.	Sistemas do Pagamento Indevido como Ato Restitutório	72
	2.3.1. Argentina	72
	2.3.2. Quebec	74
	2.3.3. Itália	76
	2.3.4. Suíça	83

CAPÍTULO 3 – OS PRESSUPOSTOS DO PAGAMENTO INDEVIDO E SUAS ESPÉCIES ... 87

3.1. Os Pressupostos do Pagamento Indevido ... 88
    3.1.1. Ausência de Obrigação (causa) ... 88
        3.1.1.1. A Noção de Causa ... 88
        3.1.1.2. A Noção de Causa no Pagamento Indevido ... 92
        3.1.1.3. Pagamento de Dívida Condicional ... 99
    3.1.2. A Voluntariedade ... 100
    3.1.3. A Prestação Feita a Título de Pagamento ... 103
        3.1.3.1. Conceito de Pagamento no Âmbito do Pagamento Indevido ... 103
        3.1.3.2. Natureza Jurídica do Pagamento ... 106
    3.1.4. O Enriquecimento do Suposto Credor ... 111
    3.1.5. O Erro ... 114
3.2. As Espécies de Pagamento Indevido ... 118
    3.2.1. Objetivo ... 118
    3.2.2. Subjetivo ... 119
    3.2.3. Quantitativo ... 119
    3.2.4. Temporal ... 120

CAPÍTULO 4 – DISCIPLINA LEGAL DO PAGAMENTO INDEVIDO NO BRASIL E A REPETIÇÃO DO INDÉBITO ... 121

4.1. Disciplina Legal do Pagamento Indevido no Brasil ... 121
    4.1.1. Antes do Advento do Código Civil de 1916 ... 121
    4.1.2. No Código Civil de 1916 ... 125
    4.1.3. No Código Civil de 2002 ... 127
4.2. A Repetição do Indébito ... 127
    4.2.1. Objeto da Repetição do Indébito ... 129
    4.2.2. Causas Extintivas do Direito de Repetição do Indébito ... 132
    4.2.3. Prescrição ... 138

	4.2.3.1. Termo Inicial	139
	4.2.3.2. Prazo	141
4.2.4.	Frutos, Acessões, Benfeitorias e Deteriorações	143
4.2.5.	Correção Monetária, Juros e o Tema 968 do STJ	145
4.2.6.	A Disciplina da Repetição do Indébito no Código de Defesa do Consumidor	152
4.2.7.	A Súmula 322 do STJ e a Dispensa de Prova do Erro	157

CONCLUSÃO   165

REFERÊNCIAS   173

APRESENTAÇÃO

Fruto de dissertação de mestrado apresentada a Banca Examinadora na Faculdade de Direito da Universidade de São Paulo, a presente obra vem agora a se tornar um livro e de consulta valiosa para quem tencione estudar o instituto do pagamento indevido.

O autor inicia a aproximação do tema procurando identificar a natureza do pagamento indevido em meio aos chamados atos restitutórios, causa de nascimento de uma obrigação, antes portanto que, como no Código Civil anterior, a se disciplinar no capítulo do pagamento como se de extinção de obrigação se tratasse.

Segue o trabalho traçando um paralelo com a legislação estrangeira e mesmo de seu tratamento conforme uma natureza que se pode reconhecer variada, inclusive diante de diversificada opção do sistema. Em alguns casos até como um quase-contrato, figura romana que ainda se espraia para algumas codificações.

De todo modo, o autor procura identificar pressupostos básicos a que se dê o pagamento considerado indevido e a produção de seu efeito repetitório, trabalhando inclusive com o difícil conceito de *causa* e de sua ausência no ato de pagar.

Finalmente, o estudo se volta a questões operativas do instituto, assim atinentes a inúmeros problemas concretos, casuísticos, que se põem em meio às normas positivadas do instituto no Código Civil, também elas examinadas.

É por estes motivos todos, e pelos tantos outros que o leitor se incumbirá de verificar à medida da leitura do livro, o que decerto lhe fará atestar sua qualidade e sua utilidade para os estudiosos e operadores do Direito, que a apresentação da obra constitui causa de grande satisfação.

São Paulo.

Claudio Luiz Bueno de Godoy

INTRODUÇÃO

A análise das fontes obrigacionais é matéria que sempre ocupou amplo espaço dentre aqueles que se dedicam ao estudo do Direito, o que é absolutamente compreensível, haja vista que representam os fatos necessários ao surgimento de relações jurídicas de crédito e débito entre duas ou mais pessoas.

A despeito disso, tradicionalmente, os estudiosos dedicam mais atenção às fontes obrigacionais consistentes nos contratos e nos atos ilícitos do que aos atos unilaterais, dentre os quais se encontra o pagamento indevido. Talvez isso decorra de razões de ordem prática, dada a grande quantidade de contratos feitos pelas pessoas para atendimento de suas necessidades e o objetivo comum de se punir e responsabilizar aqueles que causam danos a outrem; talvez de razões de ordem histórica, dada a ênfase aos contratos e aos delitos no Direito Romano.

O presente trabalho tem por fim caminhar no sentido inverso, explorando os pormenores do instituto do pagamento indevido, apresentando-o como ato restitutório, subdivisão dos atos unilaterais. Isso enseja movimentos de duas naturezas, contrários entre si, pois ora se buscará aproximar o instituto de outros que com ele guardam semelhança, a fim de demonstrar por que se trata de um ato restitutório, ora se buscará distanciar o instituto desses outros semelhantes, precisamente para realçar a sua autonomia nos planos da existência, validade e eficácia.

A compreensão dessa autonomia do instituto é especialmente importante porque existem sistemas jurídicos que não a reconhecem ou não viram necessidade de reconhecê-la, como é o caso da lei civil alemã, que estabeleceu regras apenas para o enriquecimento sem causa, gênero do qual o pagamento indevido é espécie, como se procurará explicitar; e sistemas que ainda o tratam como quase-contrato, como se dá na lei espanhola, malgrado se trate de classificação que é criticada há tempos, sobretudo pelo excessivo apego ao princípio do contrato.

No caso específico do Direito pátrio, a referida compreensão mostra-se assaz útil na definição de questões do dia-a-dia forense, como é o caso das hipóteses fáticas disciplinadas na Súmula 322 e no Tema 968 do Superior Tribunal de Justiça. Na primeira se estabeleceu que é possível a repetição do indébito nos contratos de abertura de crédito em conta corrente sem que tenha havido prova do erro no pagamento. No entanto, é de se questionar se essa foi a melhor conclusão, pois se é que houve pagamento por parte do cliente ao banco, o erro seria exigível para a repetição do indébito, à vista do artigo 877 do Código Civil brasileiro de 2002.

Na segunda hipótese, por sua vez, o Superior Tribunal de Justiça analisou a incidência de juros remuneratórios na repetição de indébito em contratos bancários de mútuo feneratício. Em síntese, a conclusão tirada foi que deve haver incidência de juros remuneratórios no valor a ser restituído ao cliente bancário, mas não necessariamente com base na mesma taxa praticada pelo banco no contrato de mútuo firmado com o cliente. Todavia, é de se questionar se essa foi a melhor conclusão, uma vez que o artigo 878 do Código Civil brasileiro de 2002 dispõe que o *accipiens* de boa-fé tem direito de permanecer com os frutos.

A fim de responder a essas e outras questões, o trabalho é dividido em quatro partes. O primeiro capítulo trata do pagamento indevido e sua natureza. São expostas as fontes obrigacionais romanas e modernas. As modernas são analisadas dentro da perspectiva do Código Civil brasileiro de 2002, de maneira que o pagamento indevido aparece, como dito, dentre as espécies de atos restitutórios. Nesse mesmo capítulo é explicado por que o enriquecimento sem causa deve ser considerado como fundamento dos atos restitutórios.

No segundo capítulo são apresentados alguns sistemas jurídicos, tais como o alemão, o francês e o italiano. O escopo específico nessa parte do trabalho é permitir que sejam feitas comparações entre os sistemas entre si e entre eles e o sistema jurídico pátrio. Por exemplo, o pressuposto consistente no erro, analisado no capítulo seguinte do trabalho, aparece em alguns sistemas jurídicos como requisito necessário à incidência da norma pertinente à restituição do que foi pago indevidamente, em outros não.

O terceiro capítulo se destina a perscrutar os pressupostos do pagamento indevido e expor suas espécies. No que concerne aos pressupostos, são analisados com profundidade a ausência de obrigação (causa), a prestação feita a título de pagamento, a voluntariedade, o enriquecimento do suposto credor e o erro. Esse estudo é especialmente importante não apenas porque, sendo o Direito ciência, é preciso que todo aquele que o estuda saiba identificar com precisão seus institutos, mas também porque ele permite que se compreenda, no âmbito nacional, quando é o caso de se postular a restituição de algo com base no pagamento indevido, quando se faz necessário recorrer ao enriquecimento sem causa.

Ainda dentro desse mesmo capítulo são apresentadas as quatro espécies de pagamento indevido (indébito) que podem ocorrer, quais sejam: objetivo, subjetivo, quantitativo e temporal.

O quarto e último capítulo tem por finalidade verificar a disciplina legal do pagamento indevido no Brasil e sua principal consequência, que é a repetição do indébito. É feito um breve histórico acerca do tema no país e disposta a regulamentação atual. Com fulcro na normativa vigente, são analisados os detalhes acerca da repetição do indébito: objeto, causas extintivas, prescrição, restituição de frutos, acessões e benfeitorias, bem como responsabilidade pelas deteriorações.

Os pontos de maior debate a propósito do assunto, justamente porque de cunho prático, são deixados para o final do capítulo: a incidência da correção monetária e dos juros nos contratos bancários de mútuo feneratício, sob a ótica do Tema 968 do Superior Tribunal de Justiça, e a aplicação da Súmula 322 desse mesmo Tribunal, que dispensa a prova do erro para a repetição do indébito nos contratos de abertura de crédito em conta corrente.

Tendo em vista a constante evolução da sociedade e, consequentemente, do Direito, assim como as inevitáveis alterações legislativas, é claro que o presente trabalho não tem por escopo esgotar a matéria. O objetivo visado é permitir que o instituto do pagamento indevido seja melhor compreendido nos planos da existência, validade e eficácia, a fim de que a sua interpretação e aplicação se deem da maneira mais adequada possível.

Capítulo 1
Do Pagamento Indevido e sua Natureza

1.1. As Fontes das Obrigações no Direito Romano

Fonte significa de onde provém algo, lugar ou razão do nascedouro de alguma coisa ou de alguém. As fontes das obrigações são as hipóteses que fazem com que elas surjam e vinculem credor e devedor, reciprocamente.[1]

Das Institutas III, 13, 2 se extrai o seguinte: "Sequens diuisio in quattuor species diducitur: aut enim ex contractu sunt aut quase ex contractu aut ex maleficio aut quase ex maleficio" (A divisão seguinte as classifica em quatro espécies: ou nascem de um contrato ou como de um contrato ou de um delito ou como de um delito).[2]

---

[1] Em termos filosóficos, há várias posições acerca das fontes das obrigações. Em todas elas o que se busca compreender é por que as pessoas compreendem que devem se vincular juridicamente a outras. Conforme menciona Clovis Bevilaqua, merecem destaque três posições. A primeira é que é a boa-fé o fundamento filosófico que faz com que as pessoas se vinculem; a segunda, de Immanuel Kant, é que se trata de postulado da razão pura, não passível de demonstração, mas que se impõe, e; a terceira de Stuart Mill, muito semelhante à primeira que o fundamento seria a necessidade de haver confiança ou fé entre as pessoas. (BEVILAQUA, Clovis. *Direito das obrigações*. 5. ed. rev. e acresc. Rio de Janeiro: Livr. Ed. Freitas Bastos, 1940. p. 19).

[2] Existem 3 classificações das fontes das obrigações no direito romano, sendo que as duas primeiras são atribuídas a Gaio e a terceira a Justiniano. A primeira é extraída das Institutas III, 88 e tem o seguinte teor: "*Nunc transeamus ad obligationes. Quarum summa diuisio in duas species diducitur: omnis enim obligatio uel ex contractu nascitur uel ex delicto*" (Agora, passemos

No que diz respeito aos contratos, o que importa marcar quando se trata das fontes das obrigações é que, no direito romano, eles não eram derivados apenas da autonomia da vontade, que se transformou em princípio apenas na modernidade.[3]

À época, em princípio, imperava o formalismo, de tal modo que apenas quatro contratos eram consensuais (solo consensu): compra e venda, locação, mandato e sociedade. Os outros contratos eram marcados por formas que se dividiam em três tipos, quais sejam: "aes et libra" (bronze e balança), "verba" (palavras) e "litterae" (letras).

A diferença entre os contratos e os quase-contratos é que esses não eram precedidos por um acordo de vontades, o pacto. Apesar disso, uma pessoa estabelecia um vínculo com outra em razão de um ato lícito e se tornava credora dela. De acordo com o Digesto, 44, 7, 5, havia quatro espécies de quase-contratos: a gestão de negócios, o pagamento indevido, a tutela e o legado. Posteriormente, com as Institutas houve o acréscimo de um novo quase-contrato: a indivisão.[4]

O instituto da gestão de negócios servia para tutelar a situação do ausente, cujos bens eram objeto da administração por iniciativa espontânea de outrem. Admitia-se que, com o regresso daquele que estava ausente, ele requeresse a restituição dos bens que se encontravam sob administração do gestor (actio negotiorum gestorum directa). De outro lado, ao gestor, como compensação pela atividade de administração que

---

às obrigações, cuja principal classificação é em duas espécies: toda obrigação ou nasce de contrato ou de delito) A segunda deriva do *Libro segundo aureorum* (D. XLIV, 7, 1, pr.) e tem o seguinte conteúdo: "*Obligationum aut ex contractu nascuntur aut ex maleficio aut proprio quodam iure ex uariis causarum figuris*" (As obrigações ou nascem de contrato ou de delito ou, por certo direito próprio, de várias figuras de causas). Apenas a terceira é mencionada no texto da dissertação porque mais abrangente. (CHAMOUN, Ebert. *Instituições de direito romano*. 2. ed. rev. e aum. Rio de Janeiro: Forense, 1954. p. 292; NARDI, Enzo. *Instituzioni di diritto romano*. Milano: Giuffrè, 1986. v. 3, p. 136).

[3] Não havia um conceito genérico de contrato, mas diversas figuras de contratos, caracterizadas por suas finalidades práticas perseguidas e por seus requisitos formais. O conceito genérico de contrato, sempre igual e projetado não sobre a relação derivada, mas sobre o ato gerador dela, o contrato, ou seja, os atos de vontade que, conjugados, formavam um acordo, é conquista mais tardia, na qual teve papel importante a escola racionalista do Direito Natural. (HERNANDES-GIL, Antonio. *Derecho de obligaciones*. Madrid: Rivadeneyra, 1960. p. 231).

[4] NARDI, Enzo. op. cit., p. 155.

tinha exercido sobre esses bens, admitia-se também que requeresse ao titular deles o reembolso das despesas suportadas e mais uma compensação pelos prejuízos sofridos na atividade (actio negotiorum gestorum contraria).[5]

O pagamento indevido era previsto nas Institutas de Justiniano (III, 27, 6). A indebiti solutio correspondia à hipótese em que a pessoa, supondo que devia a outrem, por erro, realizava a prestação em favor desta.

Dentre as condictiones, aquela que se aplicava à hipótese em tela era a condictio indebiti. Para que fosse aceita, tinham que ser preenchidos cinco requisitos: a) ocorrência da solutio, extinguindo-se a obrigação; b) que a solutio fosse considerada indevida, quer porque inexistia obrigação entre as partes, quer porque deixou de existir essa obrigação, quer, ainda, porque a prestação entregue não era o objeto da obrigação existente; c) que o erro fosse escusável; d) que o accipiens estivesse de boa-fé, eis que, se de má-fé, haveria furtum e, por conseguinte, a condictio passaria a ser a furtiva; e) que a obrigação não fosse sancionada por ação em que, negando o réu falsamente a dívida, fosse condenado ao pagamento do dobro do que era devido, ou, ainda, que a obrigação não fosse eliminável por meio da exceptio perpetua (exceção perpétua).[6]

Quanto à tutela e ao legado, cabe acrescentar apenas que eles eram considerados quase-contratos porque, embora não houvesse pacto entre tutor e tutelado e o herdeiro e o legatário, respectivamente, havia obrigações dos primeiros para com os segundos.[7]

Os delitos eram os atos ilícitos praticados pelas pessoas contra particulares ou contra a cidade, daí serem divididos em privados ou públicos,

---

[5] LEITÃO, Luís Manuel Teles de Menezes. *Direito das obrigações*: Introdução. Da constituição das obrigações. 14. ed. Portugal: Almedina, 2017. v. 1, p. 479-480.

[6] ALVES, José Carlos Moreira. *Instituições de direito romano*: B. parte especial: direito das obrigações; direito de família; direito das sucessões. 4. ed. rev. e acresc. Rio de Janeiro: Forense, 1986. p. 261-262.

[7] No caso da tutela, havia não apenas ação do tutelado ou pupilo contra o tutor, mas também do tutor contra o tutelado ou pupilo, por exemplo, se fosse obrigado a dar coisa própria em garantia dele. (NARDI, Enzo. op. cit., p. 155).

respectivamente.[8] Eram considerados delitos privados os seguintes: injúria, dano, furto e roubo.[9]

Por fim, havia os quase-delitos, cuja diferença para os delitos não era nem um pouco científica, como salienta Lacerda de Almeida.[10] Em princípio, poderia se imaginar que a diferença entre essas duas fontes corresponderia à presença da culpa (quase-delito) ou do dolo (delito). No entanto, isso não seria correto, pois havia delito com natureza culposa e quase-delito com natureza dolosa, de tal modo que os quase-delitos eram apenas atos ilícitos que não se encaixavam nas hipóteses definidas como delitos. Definição por exclusão. Eram eles: processo mal julgado pelo juiz (inclusive procedendo de má-fé), objeto atirado ou derrubado, objeto suspenso sobre a via pública e danos causados por prepostos (inclusive dolosamente).[11]

1.2. As Fontes Modernas das Obrigações

A classificação quadripartite romana das fontes das obrigações foi mantida durante o direito intermédio, em virtude do conhecido fenômeno da recepção romanística, e, em termos modernos, preservada nas primeiras codificações oitocentistas, como se verifica do Código Civil francês

---

[8] Sobre a culpa caracterizadora da ilicitude, vale anotar que ela foi desenvolvida inicialmente em Roma com conotação objetiva, derivada da simples contrariedade do ato praticado com o direito. Posteriormente, ela ganhou conotação subjetiva em razão de influências gregas e orientais. Com a superveniência da ideologia cristã, *"ela ganhou fortes contornos éticos e morais, ligados à idéia do livre arbítrio e de sua má utilização pelos fiéis"*. (SCHREIBER, Anderson. *Novos paradigmas da responsabilidade civil*: da erosão dos filtros da reparação à diluição dos danos. 5. ed. São Paulo: Atlas, 2013. p. 13-14). A teoria da culpa é aquela que tem na culpa a causa geradora da responsabilidade civil. Há discussão acerca de sua origem, pois alguns autores, tais como Mazeaud e Mazeaud acreditam que o direito romano não tinha essa noção e que, somente no fim da República, é que a culpa aquiliana foi introduzida no ordenamento. Eles negam que a culpa estava no cerne do conceito de delito da Lei Aquilia. Outros, no entanto, entendem exatamente o contrário. Independentemente disso, o certo é que esse foi o caminho seguido na época, tanto que no período justinianeu a culpa subjetiva estava no cerne da responsabilidade, embora com diferenças para a noção atual de culpa. (DIAS, José de Aguiar. *Da responsabilidade civil*. 2. ed. Rio de Janeiro: Forense, 1950. v. 1, p. 45).

[9] CHAMOUN, Ebert. op. cit., p. 293.

[10] ALMEIDA, Francisco de Paula Lacerda de. *Obrigações*. Rio de Janeiro: Livraria Cruz Coutinho, 1897. p. 326.

[11] CHAMOUN, Ebert. op. cit., p. 293.

(1804), do italiano (1865) e do espanhol (1889).[12] Pothier, responsável pela elaboração do diploma francês, acrescentou apenas a lei como quinta fonte, seguindo a ideia de que ela pode ser fonte imediata de algumas obrigações, especialmente aquelas que não se adequem perfeitamente às outras quatro categorias acima.[13]

Se já era criticável, o acréscimo da lei como fonte obrigacional apenas fez crescer a rejeição à classificação em tela. É descabida a inclusão da lei como fonte imediata das obrigações. As hipóteses fáticas são escolhidas como fontes das obrigações porque produzem um efeito jurídico, que é a vinculação de uma pessoa à realização da prestação em favor de outra. Esse efeito de direito verifica-se sempre porque existe uma lei a determiná-lo, desde que verificados certos pressupostos. Sendo assim, não há obrigações que não resultem da lei.[14] Desse modo, colocar a própria lei como fonte de obrigações é uma redundância injustificável. Ela é, isso sim, fonte mediata.

Além disso, a adoção do termo "quase" revela que a figura jurídica ainda não experimentou nenhum aperfeiçoamento dogmático.[15] No que diz respeito ao quase-contrato, isso fica ainda mais patente, pois ele se ampara em uma pretensa vontade inexistente, o que talvez só se explique por uma necessidade da época em se criar critérios jurídicos sempre baseados na vontade.[16] Segundo Colin e Capitant, por sinal, não há noção mais indecisa que a de quase-contrato. A título de exemplo, afirmam que, pela então definição do artigo 1.371 do Código Civil francês, é possível inferir que o quase-contrato é o ato unilateral feito com a intenção de criar uma obrigação.[17] No pagamento indevido, entretanto, aquele que

---

[12] COSTA, Mário Júlio de Almeida. *Direito das obrigações*. 12. ed. rev. e act. Coimbra: Almedina, 2014. p. 198.

[13] LEITÃO, Luís Manuel Teles de Menezes. *Direito das obrigações*: Introdução. Da constituição das obrigações, cit., p. 173-174.

[14] Id. Ibid., p. 175.

[15] SILVA, Clóvis Veríssimo do Couto e. *A obrigação como processo*. Rio de Janeiro: Ed. FGV, 2006. p. 71.

[16] VARELA, João de Matos Antunes. *Das obrigações em geral*. Coimbra: Almedina, 1970. p. 165.

[17] "Art. 1.371 – *Les quasi-contrats sont les faits purement volontaires de l'homme, dont il résulte un engagement quelconque envers un tiers, et quelquefois un engagement réciproque des deux parties.*" Após alteração legislativa ocorrida em 2016, o quase-contrato passou a constar do artigo 1302-1 do Código Civil Francês, conforme será explicitado com mais detalhes no item 2.2.1.

recebe o pagamento não tem a intenção de criar para si a obrigação de devolvê-lo. Apesar disso, segundo eles, os jurisconsultos a transmitiram desde o direito romano, sem chegar a um acordo acerca de seu conteúdo.[18]

Não se pode perder de vista, ainda, que a distinção entre delitos e quase-delitos, embora compreensível no plano naturalístico das ciências psicológicas, pouco interesse oferece no campo normativo dos valores jurídicos, não se justificando a sua manutenção, notadamente a partir da posterior divisão entre responsabilidade fundada na culpa *lato sensu* e no risco.[19]

Essas falhas na referida classificação das fontes obrigacionais eram conhecidas por Clovis Bevilaqua, responsável pela elaboração do Código Civil brasileiro de 1916, tanto que ele se manifestou acerca no seguinte sentido acerca dos quase-contratos:

> 1. Não é possível reunir de modo completo, as diferentes figuras de quase--contractos, em um titulo do direito das obrigações. A comunhão incidente entra pela esfera do direito das coisas; a gestão da tutela e da curatela faz parte do direito da família; a testamentaria e a acceitação da herança constituem actos e factos regulados pelo direito successorio. Não é sómente isso; mesmo aquellas relações juridicas, que apresentam feições obrigacionaes, umas funcionam como causas efficientes de obrigações, á semelhança dos contractos, e desta espécie é a gestão de negócios, ao passo que outras aparecem no momento em que a obrigação se deve extinguir pela solução, e deste feitio é o pagamento indevido. Se, portanto, essas manifestações juridicas são entidades varias, na fórma e no conteúdo, tendo entre si poucos pontos de contacto, só arbitrariamente as poderiamos acantoar em algum titulo do direito das obrigações, sob a etiqueta de quase-contractos.[20]

Em atenção às críticas supracitadas, podem ser observadas nos ordenamentos modernos duas tendências: ou bem a lei arrola as fontes obrigacionais, eventualmente deixando entrever a dicotomia existente entre as fontes negociais e as não negociais, como o Código Civil italiano

---

[18] COLIN, Ambroise; CAPITANT, Henri. *Cours élémentaire de droit civil français*. Paris: Librairie Dalloz, 1915. t. 2, p. 270.
[19] VARELA, João de Matos Antunes. *Das obrigações em geral*, cit., 1970, p. 166-167.
[20] BEVILAQUA, Clovis. op. cit., p. 213.

(art.1.173)[21] e de Quebec (art.1.372)[22]; ou bem a lei deixa de expor esse rol, simplesmente sinalizando as fontes de modo geral, como o BGB de 1900, o Código Civil brasileiro de 2002 e o Código Civil argentino de 2014.

Considerando essa variação legislativa e notando que é possível entrever no Código Civil brasileiro de 2002 as hipóteses que ele considera como fontes obrigacionais – no Livro I, ele regula os contratos nos Títulos V e IV; os atos unilaterais são tratados no Título VII, abrangendo a promessa de recompensa, a gestão de negócios, o pagamento indevido e o enriquecimento sem causa; os títulos de crédito estão regulados no Título VIII e; por fim, a responsabilidade civil é disciplinada no Título IX –, compreende-se salutar fazer a análise sintética das fontes obrigacionais a partir dessa ordem legal.

Sob essa ótica, a análise das fontes obrigacionais será feita em três frentes: 1) os contratos; 2) os atos unilaterais, os quais serão divididos em declarações unilaterais de vontade e atos restitutórios, e; 3) a responsabilidade civil. A ênfase será dada aos atos restitutórios porque eles correspondem à fonte da obrigação do pagamento indevido.

1.2.1. Contratos

O contrato moderno difere em vários aspectos do *contractus* romano, sendo que a análise dessas diferenças revela a evolução que o instituto sofreu ao longo dos tempos.

Segundo Antunes Varela, por um lado o conceito se restringiu, pois enquanto os juristas romanos davam o nome de *contractus* a todo ato

---

[21] Art. 1173 Fonti delle obbligazioni
Le obbligazioni derivano da contratto (Cod. Civ. 1321 e seguenti), da fatto illecito (Cod. Civ. 2043 e seguenti), o da ogni altro atto o fatto idoneo a produrle (Cod. Civ. 433 e seguenti, 651, 2028 e seguenti, 2033 e seguenti, 2041 e seguenti) in conformità dell'ordinamento giuridico."
Art. 1.173 Fontes das obrigações
A obrigação deriva de contrato (Cod.Ci. 1321 e seguintes), de fato ilícito (Cod. Civ. 2043 e seguintes), ou de outro ato ou fato idôneo a produzi-la (Cod. Civ. 433 e seguintes, 651, 2028 e seguintes, 2033 e seguintes, 2041 e seguintes), em conformidade com o ordenamento jurídico. (trad. livre)

[22] Art. 1.372 – *"L'obligation naît du contrat et de tout acte ou fait auquel la loi attache d'autorité les effets d'une obligation. (...)"*
Art. 1.372 – A obrigação nasce do contrato e de todo ato ou fato ao qual a lei ligue a autoridade dos efeitos de uma obrigação. (trad. livre)

destinado a criar uma obrigação, quer se tratasse de ato bilateral, quer de ato unilateral, a doutrina e as legislações modernas consideram essencial ao contrato o acordo bilateral dos contraentes; por outro lado, o conceito se ampliou notavelmente, pois enquanto os romanos limitavam o *contractus* aos atos destinados a constituir uma *obligatio*, os códigos modernos estenderam o conteúdo possível do acordo contratual a outros aspectos da relação obrigacional, como a modificação, transmissão ou extinção de uma obrigação, e até a outras relações jurídicas, por exemplo, no âmbito dos direitos reais ou de família.[23]

Sob influência da pandectística alemã, o Código Civil brasileiro de 2002 adotou o negócio jurídico como conceito-chave do direito privado.[24] Trata-se de conceito derivado da valorização da vontade, especialmente no autorregramento de interesses privados, numa graduação que permite diferenciá-lo dos atos jurídicos *stricto sensu* e dos atos-fatos jurídicos.

Os contratos são os negócios jurídicos bilaterais, pois se aperfeiçoam com duas manifestações de vontade contrapostas.[25] A bilateralidade a que se refere está ligada à formação dos contratos, não à produção de seus efeitos. No que diz respeito à eficácia jurídica, os contratos são

---

[23] VARELA, João de Matos Antunes. *Das obrigações em geral*, cit., 1970, p. 171-172. A *"obligatio"* não consistia em um vínculo jurídico, puramente abstrato, entre credor e devedor. Tratava-se de vínculo material, em virtude do qual o devedor respondia pela dívida com o seu próprio corpo. (ALVES, José Carlos Moreira. *Instituições de direito romano*: B. parte especial: direito das obrigações; direito de família; direito das sucessões, cit., p. 8).

[24] SILVA, Clóvis Veríssimo do Couto e. op. cit., p. 72. Antonio Hernandes-Gil segue a mesma linha de raciocínio aqui exposta e elogia a introdução do negócio jurídico como fonte obrigacional: "*La introducción – siquiera sólo sea en ciertos ordenamientos, y em algunos, aunque importantes, sectores de la ciencia jurídica – de la noción del negocio jurídico, mucho más amplia que la del contrato, y apta em mayor medida que éste para explicar la actuación de la voluntad em la producción de efectos jurídicos, también há tenido el consiguiente reflejo em punto a las fuentes*". (HERNANDES-GIL, Antonio. op. cit., p. 219-220).

[25] Em termos de eficácia jurídica, os negócios jurídicos também podem ser classificados em unilaterais ou plurilaterais. São unilaterais aqueles que se aperfeiçoam com uma única manifestação de vontade. Eles se dividem em receptícios ou não receptícios, respectivamente, conforme a eficácia dependa ou não do conhecimento de outra parte. A resilição do contrato, prevista no artigo 472 do Código Civil, é exemplo de negócio jurídico unilateral receptício, ao passo que o testamento, em qualquer de suas formas, é exemplo de negócio jurídico unilateral não receptício. Os negócios plurilaterais são aqueles que se aperfeiçoam não com uma, nem com duas, mas com três ou mais partes manifestando a sua vontade, como é o caso do contrato de sociedade empresarial.

classificados em unilaterais ou bilaterais, respectivamente, se uma ou ambas as partes têm obrigações para com a outra.[26]

À época da Revolução Francesa, por influência burguesa, prevalecia a noção de que a vontade tinha força jurígena por si só, de tal modo que o contrato celebrado equiparava-se à lei. O artigo 1.134 do Código Civil francês, segundo sua redação original, é o retrato desse pensamento.[27] Nem mesmo ao juiz era dado interferir nesse negócio, com vistas a reequilibrá-lo ou mesmo invalidar cláusulas abusivas.[28]

Não é mais essa a concepção que prevalece na sociedade. Deixou-se de acreditar que a vontade tinha força jurígena de modo autônomo. Ela passou a ser limitada pela lei, com vistas a preservar outros valores jurídicos, como a solidariedade e a ética, chamados por Miguel Reale, por ocasião da elaboração do Código Civil brasileiro de 2002, respectivamente, de socialidade e eticidade.[29]

---

[26] Dicotomia que guarda relação com a prestação principal, pois é cediço que o contrato é uma relação jurídico-obrigacional complexa. Há obrigações recíprocas e de igual importância de parte a parte, como se extrai dos contratos sinalagmáticos, há direitos formativos, pretensões, ações, deveres (principais e secundários, dependentes e independentes) de ambos os lados. (SILVA, Clóvis Veríssimo do Couto e. op. cit., p. 19; TUHR, Andreas von. *Tratado de las obligaciones*. 1. ed. Trad. por W. Rose. Madrid: Reus, 1934. t. 1, p. 3; ALEIXO, Celso Quintella. Pagamento. In: TEPEDINO, Gustavo (Coord.). *Obrigações*: estudos na perspectiva civil-constitucional. Rio de Janeiro: Renovar, 2005. p. 275).

[27] Art.1.134 – "*Les conventions légalement formées tiennent lieu de loi à ceux que les ont faites. (...)*" Art.1.134 – As convenções legalmente formadas tomam o lugar da lei para aqueles que as fizeram. (...)" (trad. livre) Após alteração legislativa ocorrida em 2016, esse preceito passou a constar do artigo 1103 do Código Civil Francês.

[28] Comentando o artigo 1.134 do Código Civil francês ao início do século passado, Colin e Capitant afirmam que o respeito à lei criada pela vontade dos interesses se impõe na interpretação que os juízes fazem dos contratos. Assim, eles não podem modificar os termos da convenção, nem alterar seus elementos, pois não podem modificar o texto da lei, devendo então assumir a missão de assegurar a execução dos contratos. (COLIN, Ambroise; CAPITANT, Henri. op. cit., p. 323).

[29] "*ETICIDADE – Procurou-se superar o apego do Código atual ao formalismo jurídico, fruto, a um só tempo, da influência recebida a cavaleiro dos séculos XIX e XX, do Direito tradicional português e da escola germânica dos pandectistas – aquele decorrente do trabalho empírico dos glozadores; esta dominada pelo tecnicismo institucional haurido na admirável experiência do Direito Romano.*
Não obstante os méritos desses valores técnicos, não era possível deixar de reconhecer, em nossos dias, a indeclinável participação dos valores éticos no ordenamento jurídico, sem abandono, é claro, das conquistas da técnica jurídica, que com aqueles deve se compatibilizar.

Precisamente por conta disso é que Luis Manuel Teles de Menezes Leitão diz que atualmente a liberdade contratual é a possibilidade conferida pela ordem jurídica a cada uma das partes de autorregular, através de um acordo mútuo, as suas relações jurídicas para com a outra, por ela livremente escolhida, em termos vinculativos para ambas as partes.[30]

Cláudio Luiz Bueno de Godoy segue essa mesma linha de raciocínio ao asseverar que *"a autonomia privada como poder de autodeterminação não mais encontra justificativa em si, fazendo-se merecedor de tutela o ato que a exprime apenas quando corresponda a uma função que o ordenamento considere socialmente útil"*.[31]

1.2.2. Atos Unilaterais

Os atos unilaterais representam a grande novidade no que diz respeito às fontes obrigacionais modernas, se comparadas com aquelas previstas no direito romano. Ressalta Ebert Chamoun que, no direito romano, em princípio, o ato jurídico unilateral não gerava obrigações: a proposta

---

Daí a opção, muitas vezes, por normas genéricas ou cláusulas gerais, sem a preocupação de excessivo rigorismo conceitual.
(...)
SOCIALIDADE – *É constante o objetivo do novo Código no sentido de superar o manifesto caráter individualista da lei vigente, feita para um País ainda eminentemente agrícola, co cerca de 80% da população no campo.*
Hoje em dia, vive o povo brasileiro nas cidades, na mesma proporção de 80%, o que representa uma alteração de 180 graus na mentalidade reinante, inclusive em razão dos meios de comunicação, como o rádio e a televisão." (REALE, Miguel. *História do novo Código Civil*. São Paulo: Revista dos Tribunais, 2005. p. 37-38).

[30] LEITÃO, Luís Manuel Teles de Menezes. *Direito das obrigações*: Introdução. Da constituição das obrigações, cit., p. 21-22.

[31] GODOY, Cláudio Luiz Bueno de. *Função social do contrato*: os novos princípios contratuais. 3. ed. São Paulo: Saraiva, 2009. p. 25. No plano maior, dos negócios jurídicos em geral, Alexandre Guerra afirma o seguinte: "*O negócio jurídico parte, portanto, de dois elementos: i) uma vontade humana criadora dirigida à produção de efeitos jurídicos com a finalidade de permitir a autorregulamentação dos interesses privados e ii) o reconhecimento pelo ordenamento jurídico do poder que a própria ordem confere aos particulares no sentido de regular os seus interesses.*" (GUERRA, Alexandre. *Princípio da conservação dos negócios jurídicos*: a eficácia jurídico-social como critério de superação das invalidades negociais. São Paulo: Almedina, 2016. p. 37).

de uma pessoa não a obrigava e podia ser retirada, enquanto não fosse aceita.[32]

Segundo Pontes de Miranda, nas origens o negócio jurídico unilateral é emanação do primitivo direito germânico, que desconhecia o contrato, o *consensus* do direito romano, que, como visto no item anterior, incluía sob o signo do *contractus* tanto negócios jurídicos unilaterais quanto bilaterais.[33]

É frequente ao longo da história que a vontade de uma só pessoa produza efeitos jurídicos, mas há controvérsia acerca da conveniência de se admitir isso, sendo que, no mais das vezes, a tendência geral das legislações e da doutrina é admitir a declaração unilateral de vontade como fonte autônoma de obrigações somente nos casos expressamente previstos em lei, tal como no testamento, nos títulos de crédito, e, indiretamente, na perfilhação e na procuração.[34] Trata-se da adoção do princípio do contrato (*Vertrangsprinzip*), segundo o qual apenas vontades podem criar relações jurídicas no âmbito do direito das obrigações.

A doutrina levanta ainda algumas objeções à aceitação do ato unilateral de vontade como fonte autônoma de obrigações: há risco do devedor se obrigar sem se aperceber de todo o alcance de seu ato, pois não existe a fase de negociação, como nos contratos; há dificuldade na comprovação da vinculação por negócio unilateral; e não é razoável impor a quem quer que seja um benefício contra a sua vontade (*invito non datur beneficium*), pois não faria sentido que na esfera jurídica do destinatário do ato unilateral de vontade se criasse um direito de crédito sem a prévia aceitação dele.

Todas essas objeções, contudo, excluída a mera tradição romanística, não merecem guarida. A liberdade negocial pode ser exercida

---

[32] CHAMOUN, Ebert. op. cit., p. 293. O autor explica que o *votum* e a *pollicitatio* representavam exceções a essa regra, mas não é certo que assim o fosse. O *votum* era a promessa feita a uma divindade. Era obrigatória porque parece que os sacerdotes do culto podiam ajuizar ação contra o promitente para forçá-lo a cumprir o que prometeu. A *pollicitatio*, por sua vez, era a promessa feita a uma cidade, de uma *datio* em dinheiro ou em realização de obras de utilidade pública. (Id. Ibid., p. 293-294).

[33] MIRANDA, Francisco Cavalcanti Pontes de. *Tratado de direito privado*. 1. ed. atual. por Vilson Rodrigues Alves. Rio de Janeiro: Bookseller, 2004. t. 31, p. 29.

[34] COSTA, Mário Júlio de Almeida. op. cit., p. 462-464; VARELA, João de Matos Antunes. *Das obrigações em geral*, cit., 1970, p. 275-278; LEITÃO, Luís Manuel Teles de Menezes. *Direito das obrigações*: Introdução. Da constituição das obrigações, cit., p. 267-270.

regularmente, desde que não violadas normas que salvaguardam outros valores jurídicos e respeitados os limites que lhe são impostos pela função social deles e a boa-fé objetiva, exatamente como ocorre com os contratos.[35]

O fato de não haver fase de negociação não significa que exista risco maior àquele que se obriga a partir de ato unilateral. Em tese, há risco em ambos os negócios jurídicos, sejam eles unilaterais ou bilaterais, e se a fase de negociação pode servir para que a pessoa pense antes de se obrigar, também pode servir para que ela seja estimulada a contratar. Não é à toa, aliás, que o Código de Defesa do Consumidor brasileiro estipula no seu artigo 49 o direito de desistência do consumidor por conta de contrato celebrado fora do estabelecimento comercial do fornecedor. Reconhece a doutrina especializada que, nesse ambiente, o consumidor pode ser levado a contratar sem que realmente o queira.[36]

Quanto à dificuldade de se provar ou não a existência do ato unilateral de vontade criador da obrigação, isso não é algo que deva servir de critério para que a lei aceite ou não essa fonte autônoma de obrigações. Fosse assim e a lei deveria repudiar os contratos verbais. Tudo isso é questão de prova.

No tocante à falta de razoabilidade na aceitação de que alguém tenha um crédito a seu favor sem que tenha previamente consentido, realmente isso não representa qualquer problema porquanto o ato unilateral não atinge a esfera jurídica de terceiro, salvo para lhe dar direito, pretensão,

---

[35] *"Para a doutrina tradicional, já superada, apenas os contratos poderiam ser atípicos, enquanto os negócios unilaterais seriam sempre típicos. Confunde-se, deste modo, a tipicidade com a taxatividade, a previsão explícita com a necessária tipicidade dos negócios unilaterais; confusão que, por sua vez, induz a negar que a autonomia negocial possa realizar interesses merecedores de tutela mediante estruturas unilaterais. Raciocinando deste modo, a tipicidade dos negócios unilaterais é elevada a dogma. Determinante, porém, é a análise preliminar dos fundamentos, dos poderes e dos limites da autonomia negocial. É necessário evidenciar que a autonomia negocial encontra fundamentos diversificados: o ato de iniciativa é merecedor de tutela se corresponder não apenas aos princípios presentes em nível ordinário, mas aos princípios hierarquicamente superiores que operam no sistema ítalo-comunitário das fontes".* (PERLINGIERI, Pietro. *O direito civil na legalidade constitucional.* Trad. de Maria Cristina de Cicco. Rio de Janeiro: Renovar, 2008. p. 368-369).

[36] MARQUES, Cláudia Lima. *Contratos no Código de Defesa do Consumidor*: o novo regime das relações de consumo. 5. ed. rev. atual. e ampl., incluindo mais de 1.000 decisões jurisprudenciais. São Paulo: Revista dos Tribunais, 2005. p. 834-848.

ação ou exceção.[37] Vistos todos esses argumentos e seus respectivos contrapontos, salutar a explicação dada por Antunes Varela acerca da rejeição dos atos unilaterais de vontade como fonte autônoma de obrigações:

> (...) a única explicação convincente do princípio do contrato assenta no facto de não ser razoável (fora dos casos especiais previstos em lei) manter alguém irrevogàvelmente obrigado perante outrem, com base numa simples declaração unilateral de vontade, visto não haver conveniências práticas do tráfico que o exijam, nem quaisquer expectativas do beneficiário dignas de tutela anteriormente à aceitação, que à lei cumpra salvaguardar.[38]

Em termos legislativos, predomina a restrição à autonomia dos atos unilaterais como fonte obrigacional, como se verifica do artigo 457 do Código Civil português[39] e do artigo 1987 do Código Civil italiano.[40] Esses dois preceitos normativos dispõem que apenas os atos unilaterais previstos em lei obrigam, do que se infere que se trata de sistema *numerus clausus*.

Segundo Luis Manuel Teles de Menezes Leitão, o fato de a lei civil conceder total liberdade a quem faz proposta contratual não altera a regra da tipicidade dos negócios jurídicos unilaterais, pois não se confundem proposta com vistas à formação de contrato e negócio jurídico unilateral.[41]

> Tal significa apenas que a proposta é irrevogável, o que implica que foi criado em relação ao proponente um estado de sujeição, podendo a outra

---

[37] MIRANDA, Francisco Cavalcanti Pontes de. *Tratado de direito privado*, cit., t. 31, 2004, p. 31.
[38] VARELA, João de Matos Antunes. *Das obrigações em geral*, cit., 1970, p. 278-279.
[39] ARTIGO 457º
(Princípio geral)
A promessa unilateral de uma prestação só obriga nos casos previstos na lei.
[40] Art. 1987 *Efficacia delle promesse*
La promessa unilaterale di una prestazione non produce effetti obbligatori fuori dei casi ammessi dalla legge (2821).
Art.1987 Eficácia da promessa
A promessa unilateral de uma prestação não produz efeitos obrigatórios fora dos casos previstos na lei. (trad. livre)
[41] Essa liberdade dada pela lei ao proponente é encontrada no artigo 228 do Código Civil português e no artigo

parte obter a conclusão do contrato, através do exercício de um direito potestativo à aceitação. No entanto, a obrigação só surge com a efectiva conclusão do contrato, o que implica que a proposta contratual não seja fonte de obrigações, não servindo assim de exemplo para a rejeição do princípio da tipicidade dos negócios unilaterais.[42]

O Código Civil brasileiro de 1916 considerava as declarações unilaterais da vontade fontes autônomas das obrigações, mas havia apenas duas delas previstas no seu Título VI, quais sejam: os títulos ao portador (arts.1.505 a 1.511) e a promessa de recompensa (arts.1.512 a 1.517).

O atual diploma civil alterou o nome do título, passando a chamá-lo "Dos atos unilaterais", e o fez porque incluiu, ao lado da promessa de recompensa (arts.854 a 860), a gestão de negócios (arts.861 a 875), o pagamento indevido (arts.876 a 883) e o enriquecimento sem causa (arts.884 a 886). Apenas a promessa de recompensa é uma declaração unilateral de vontade, que é o estabelecimento de um vínculo pela simples manifestação de vontade.[43] Nesse aspecto, ela se assemelha aos supracitados títulos ao portador, que foram deslocados pelo legislador no atual diploma civil para o Capítulo II (arts.904 a 909) do Título VIII, relativo ao regramento dos Títulos de Crédito. Em ambos os casos há uma declaração de vontade geradora de obrigação para si, diferentemente do que ocorre com a gestão de negócios, o pagamento indevido e o enriquecimento sem causa, que não comportam essa declaração.

1.2.2.1. As Declarações Unilaterais de Vontade

A promessa de recompensa, como prevê o Código Civil brasileiro de 2002, ou a promessa de cumprimento, como dispõe o Código Civil português, corresponde à declaração negocial dirigida ao público, através da qual se promete uma prestação a quem se encontre em determinada situação ou pratique certo fato, positivo ou negativo.[44] O diploma lusitano,

---

[42] LEITÃO, Luís Manuel Teles de Menezes. *Direito das obrigações*: Introdução. Da constituição das obrigações, cit., p. 269.

[43] FRANÇA, Rubens Limongi. *Manual de direito civil*: doutrina geral dos direitos obrigacionais. São Paulo: Revista dos Tribunais, 1969. t. 1, p. 52. (Biblioteca jurídico-universitária, v. 4).

[44] LEITÃO, Luís Manuel Teles de Menezes. *Direito das obrigações*: Introdução. Da constituição das obrigações, cit., p. 272.

aliás, é expresso no sentido de que a promessa de que se trata é uma declaração.[45]

Seguindo a argumentação exposta acima, a promessa de recompensa, como ato unilateral de vontade criador de obrigação que é, não se confunde com a proposta ou oferta contratual, pois cria obrigação para o promitente assim que a declaração é feita, nos termos da lei, independentemente de qualquer concordância alheia.

Aliás, ressaltando a diferença entre esses institutos jurídicos, Antunes Varela aponta o artigo 459 do Código Civil português, cuja redação é semelhante à do artigo 855 do Código Civil brasileiro de 2002. Esse preceito normativo estabelece que o promitente fica obrigado mesmo em relação àqueles que se encontrem na situação prevista ou tenham praticado o fato sem atenderem à promessa ou na ignorância dela. Em outras palavras, a obrigação do promitente existe mesmo que a pessoa que cumpriu o fato constante da promessa não o tenha feito por conta dela ou mesmo a desconheça. A partir desse dado, o referido autor se manifesta no seguinte sentido:

> Esta doutrina parece afastar decididamente a tese dos autores que vêem na promessa pública uma proposta contratual a incertos (contractus cum incerta persona) e na prática do facto previsto a aceitação tácita dela, com a consequente perfeição do contrato, pois a aceitação tácita exigiria, como requisito psicológico mínimo, o conhecimento da promessa na altura da prática do fato.[46]

Quanto aos títulos ao portador, cabe dizer inicialmente que o deslocamento deles para o Título II do Capítulo VIII, que disciplina os títulos de crédito, não significa que eles não tenham natureza jurídica de declaração unilateral de vontade. Como títulos emitidos sem nome do beneficiário,

---

[45] Art. 458
(Promessa de cumprimento e reconhecimento de dívida)
1. Se alguém, por simples declaração unilateral, prometer uma prestação ou reconhecer uma dívida, sem indicação da respectiva causa, fica o credor dispensado de provar a relação fundamental, cuja existência se presume até prova em contrário.
2. A promessa ou reconhecimento deve, porém, constar de documento escrito, se outras formalidades não forem exigidas para a prova da relação fundamental.
[46] VARELA, João de Matos Antunes. *Das obrigações em geral*, cit., 1970, p. 282-283.

que se transmitem pela simples tradição e que dão direito ao recebimento do valor nele inserto a quem o detenha, cuja propriedade se presume,[47] correspondem a uma declaração unilateral de vontade do emissor que faz surgir obrigação para ele, independentemente do conhecimento da emissão por quem quer que seja, tampouco do consentimento de alguém.

Ao que se infere da leitura da exposição de motivos, o deslocamento supracitado decorreu mais da percepção da complexidade e da especificidade da matéria atinente aos títulos de crédito, do que da compreensão de que estava equivocada a anterior posição adotada acerca da natureza jurídica dos títulos ao portador.[48]

De acordo com o artigo 887 do Código Civil brasileiro de 2002, título de crédito é o documento necessário ao exercício do direito literal e autônomo nele contido. Dessa definição é possível entrever as principais características dos títulos de crédito, quais sejam: 1) cartularidade: o direito de crédito está materializado no documento; 2) literalidade: a eficácia do direito de crédito também se extrai do próprio título; 3) autonomia: o adquirente do título tem direito ao crédito, independentemente da relação jurídica anterior.

Da somatória dessas características essenciais ao título de crédito, sobretudo da literalidade, se pode extrair que *"a declaração cartular, como declaração de vontade, condição de direito autônomo, cujo exercício e transmissão estão em função, respectivamente, da apresentação e transferência do título"*.[49]

---

[47] BULGARELLI, Waldirio. *Títulos de crédito*. 16. ed. São Paulo: Atlas, 2000. p. 87.

[48] *"Note-se que me refiro aos títulos de crédito em geral, pois no Anteprojeto não figuram senão as regras básicas comuns a todas as categorias de títulos de crédito, como tipos formais que são do Direito obrigacional. Os títulos cambiais constituem espécie desse gênero, e, quer por suas implicações de caráter internacional, como o atesta a Lei comum de Genebra, quer pela especificidade e variabilidade de seus dispositivos, melhor é que sejam disciplinados por lei aditiva. Lembro tal fato como exemplo de orientação por nós seguida, acorde com uma das diretrizes fundamentais supra discriminadas."* BRASIL. Senado Federal. Secretaria Especial de Editoração e Publicações. Subsecretaria de Edições Técnicas. *Novo Código Civil*: exposição de motivos e texto sancionado. 2. ed. Brasília-DF: Senado Federal. Secretaria Especial de Editoração e Publicações. Subsecretaria de Edições Técnicas, 2005. p. 31. Disponível em: <http://www.dominiopublico.gov.br/download/texto/sf00019a.pdf>. Acesso em: 08 jul. 2017.

[49] BULGARELLI, Waldirio. op. cit., p. 64.

1.2.2.2. Os Atos Restitutórios

A obrigação de restituir é uma subespécie da obrigação de dar, pois ela implica em transferência de coisa de uma parte a outra, mas com inversão dos pólos no que diz respeito ao direito real ou à posse. Nessa hipótese, o credor é o titular do direito real, da posse[50] ou de mera detenção, e tem o crédito consistente na obrigação da outra parte da relação jurídica de restituir algo sobre o qual incidam esses direitos. É o que se dá, por exemplo, nos contratos de depósito e de locação ou nos negócios que constituem direito real sobre coisa alheia como o usufruto.

Explica Pontes de Miranda que "*restituir é entregar o que foi retirado a outrem, ou entregue por outrem, ainda que não tenha sido por ato do credor.*"[51] Ele prossegue dizendo essa obrigação pode ser de três tipos: a) se há faculdade para o devedor, de restituir, em vez da coisa recebida, outra da mesma natureza, trata-se de obrigação de prestar coisa certa; b) se o que se tem que restituir é bem determinado pelo gênero, o que não se confunde com prestar o gênero, como ocorre no mútuo, surgem figuras anômalas, mas reconhecidas pelo sistema jurídico, como o depósito

---

[50] Sobre a diferença entre direito de posse e à posse, observa Francisco Loureiro: "*A expressão 'jus possidendi' significa, literalmente, direito à posse, ou direito de possuir. Na lição de Caio Mário da Silva Pereira, é 'a faculdade que tem uma pessoa, por ser já titular de uma situação jurídica, de exercer a posse sobre determinada coisa'. É a posse vista como o conteúdo de certos direitos.*
Pressupõe o 'jus possidendi' uma relação jurídica preexistente, que confere ao titular o direito à posse. Ao contrário do que afirmam alguns autores, não só o proprietário goza de tal situação, mas também titulares de outros direitos reais, como o usufrutuário e o credor pignoratício, ou mesmo titulares de direitos meramente pessoais, como o locatário e o comodatário. Basta seja a posse o objeto da relação jurídica, real ou pessoal.
O titular do 'jus possessionis', por outro lado, é o direito originado da situação jurídica da posse, independentemente da preexistência de uma relação jurídica que lhe dê causa. É indiferente a incidência, ou não, de um título para possuir. Aqui a posse não aparece subordinada a direitos, nem emanada deles, formando parte de seu conteúdo. Alguns autores chegam a negar a expressão jus, preferindo a de factum possessionis, como melhor significado de posse sem título anterior.
O 'jus possessionis' é o reflexo da autonomia do instituto da posse, que se mostra em toda a sua pureza. É o fato da posse per se, necessário e suficiente para ter ingresso na significação jurídica." (LOUREIRO, Francisco Eduardo. Juízo possessório e juízo dominial. Revista de Direito Imobiliário, São Paulo, v. 24, n. 50, p. 214-215, jan./jun. 2001).

[51] MIRANDA, Francisco Cavalcanti Pontes de. Tratado de direito privado. 2. ed. Rio de Janeiro: Borsoi, 1958. t. 22, p. 230.

irregular e quase usufruto; c) se o dever de restituição tem como objeto coisa fungível, que se mistura com outras de outros credores, a dívida continua a ser de coisa certa e a cada restituição, reduz-se, proporcionalmente, a massa de bens, o estoque restituível.[52]

Para Paolo Gallo, a partir da última década do século XX difundiu-se na Europa a necessidade de reconstrução dos remédios restitutórios – que não tenham fonte contratual ou derivada de ato ilícito – da forma mais unitária possível, o que significa, por conseguinte, edificar uma teoria geral das restituições, vale dizer, do enriquecimento sem causa, da repetição do indébito e da gestão de negócios.[53]

O Código Civil brasileiro de 2002 seguiu esse escopo e previu os seguintes atos restitutórios: a gestão de negócios, o pagamento indevido e o enriquecimento sem causa. Eles se diferenciam das declarações unilaterais de vontade porque: 1) não são exteriorizados por meio de uma declaração, mas de atos materiais que acabam por gerar uma vantagem[54], e; 2) são os terceiros beneficiados com esses atos materiais que ficam com a obrigação de restituir, não a pessoa que os realizou.

1.2.2.2.1. O Enriquecimento sem Causa como Fundamento dos Atos Restitutórios

Não há consenso doutrinário acerca da origem remota do enriquecimento sem causa. Como expõe José Carlos Moreira Alves, há duas correntes principais acerca do tema: uma defendendo que a origem do instituto remonta aos tempos antigos, em razão de influência grega, que se fundava no mito de Nêmesis para afirmar a necessidade de manutenção de equilíbrio; outra defendendo que a origem dele está no direito clássico, quando surgiram ações combatendo-o, tal como se deu com o pagamento indevido e a *indebiti solutio*.[55]

---

[52] Id. Ibid., p. 231-232.
[53] GALLO, Paolo. *Il Codice Civile commentario*: arricchimento senza causa. Artt. 2041-2042. Milano: Giuffrè, 2003. p. 31.
[54] Segundo Andreas von Tuhr, os atos materiais são espécies de atos jurídicos *stricto sensu* nos quais a manifestação de vontade tende a produzir uma mudança no mundo exterior. (TUHR, Andreas von. op. cit., p. 129).
[55] ALVES, José Carlos Moreira. *Instituições de direito romano*: B. parte especial: direito das obrigações; direito de família; direito das sucessões, cit., p. 259-260.

Afirma Paolo Gallo que a *condictio* apareceu como um remédio no direito romano para solucionar a situação em que havia a transmissão de um bem sem que houvesse causa que a justificasse, o que era relevante porque a transferência da propriedade se dava de modo abstrato. No início, ela operava apenas no campo contratual, mais precisamente na restituição do dinheiro dado por ocasião do fim do contrato de mútuo. Mas, com o tempo, provavelmente por analogia, foi ampliado o espectro de incidência da *condictio*, pois foi constatado que se havia razão para que se operasse a restituição ao fim do contrato de mútuo, havia ainda mais razão para que se restituísse o que fora dado em contratos que não tinham causa desde a origem.[56]

As várias *condictiones* do direito romano foram sistematizadas na época de Justiniano pelos jurisconsultos.[57] Nessa época, havia seis *condictiones*, conforme segue:

a) *condictio indebiti*: direito de exigir o que se pagou indevidamente;
b) *condictio causa data causa non secuta*: direito de reclamar o que se deu com intuito de alcançar um fim, que não se realizou;
c) *condictio sine causa*, em sentido estrito: direito de acionar, por exemplo, aquele que, sem estar autorizado, vende a coisa fungível de outrem e guarda o preço;
d) *condictio ob finitam causam*: direito de restituição quando a causa que dava ensejo ao direito cessou;
e) *condictio furtiva*: contra o ladrão;
f) *condictio ob turpem causam*: destinada a elidir aquisições contrárias à moral ou aos bons costumes.

Consoante Clovis Bevilaqua, todas as *condictiones* eram conhecidas genericamente como *condictiones sine causa*, pois, no cerne delas, havia a vedação genérica ao enriquecimento sem causa:

---

[56] GALLO, Paolo. op. cit., p. 6.
[57] LOPES, Miguel Maria de Serpa. *Curso de direito civil*: fontes acontratuais das obrigações: responsabilidade civil. Rio de Janeiro: Livr. Freitas Bastos, 1961. v. 5, p. 71-72; NANNI, Giovanni Ettore. *Enriquecimento sem causa*. 2. ed. São Paulo: Saraiva, 2010. p. 5-9; BIANCA, C. Massimo. *Diritto civile*: la responsabilità. Milano: Giuffrè, 1994. v. 5, p. 793; NONATO, Orozimbo. *Curso de obrigações*: 2ª parte. Rio de Janeiro: Forense, 1960. v. 2, p. 94.

Em todos estes casos, não existe um titulo justo, uma razão jurídica servindo de base á acquisição, e por isso o direito não a protege, não a defende. Ao contrario, arma o prejudicado, pelo enriquecimento injusto, de uma acção contra o favorecido por elle.

A ausência de causa (sine causa) em direito romano quer dizer – ausência de um titulo juridicamente reconhecido para servir de base á acquisição. A questão da causa referia-se, em direito romano, não á teoria das obrigações, pois que estas até que se contrahiam sem causa, porém á da propriedade e da posse, porque ninguém podia exercer direitos de propriedade ou de possuidor sem um titulo, sem uma razão, a que a lei reconhecesse valor. 'A existencia de uma causa real e licita era exigida pelos romanos, não para a formação das obrigações, mas para a conservação de um bem ou valor. Na ausencia dessa causa, dava-se uma condictio para a repetição do valor fornecido, do enriquecimento realizado'.[58]

De acordo com Giovanni Ettore Nanni, a noção de enriquecimento sem causa presente nas supracitadas *condictiones* evoluiu de modo distinto no Ocidente e no Oriente, a partir da queda dos dois impérios romanos.[59] No Oriente, em razão da influência do *Corpus Iuris Civilis* por bastante tempo, das compilações feitas por ordem dos imperadores bizantinos

---

[58] BEVILAQUA, Clovis. op. cit., p. 111-112.

[59] A propósito da diferença de desenvolvimento científico no Ocidente e no Oriente nessa época, Jonathan Lyons explica com detalhes a interessante história acerca da "Casa da Sabedoria", uma imensa biblioteca real mantida por califas e que serviu de base para o aprimoramento do conhecimento dos árabes em diversas áreas. Esse conhecimento adquirido, segundo ele, foi posteriormente buscado pelos ocidentais nas Cruzadas. Vale destacar um trecho do livro: "*O primeiro epicentro da atividade intelectual da Europa medieval foi o antigo reino da Lotaríngia. Outrora o coração do império de Carlos Magno, ele compreendia parcelas da parte ocidental da Alemanha, Bélgica, Holanda e França. Seu centro, a cidade de Liège da Bélgica atual, era conhecido como 'Atenas da Lotaríngia, por sua erudição. Durante décadas, os reis da Inglaterra utilizaram um suprimento constante de clérigos lotaríngios para preencher altos cargos reais e eclesiásticos. O predecessor do bispo João viera dessa região, assim como o pai de Adelardo, Fastrad, e várias outras figuras influentes da vida intelectual e religiosa da Inglaterra no século XI. As escolas e mosteiros da Lotaríngia foram os primeiros ensaios de repositório de ciência e tecnologia árabe, inclusive do sistema numérico arábico; sem nenhuma instituição educacional adequada, a coroa inglesa era forçada a confiar no que era importado por gente bem-instruída para suprir sua demanda crescente.*" (LYONS, Jonathan. *A Casa da Sabedoria: como a valorização do conhecimento pelos árabes transformou a civilização ocidental*. trad. Pedro Maia Soares. – Rio de Janeiro: Jorge Zahar Ed., 2011, p. 57-58)

e das mudanças sociais, a exigir novas interpretações e aplicações das regras relacionadas ao tema, o instituto acabou sendo generalizado, a ponto de se tornar um princípio geral. No Ocidente, no entanto, a evolução foi mais lenta, pois, por um longo período, o direito se resumiu às regras relativas à vassalagem. Somente com a redescoberta do *Corpus Iuris Civilis* por Irnério, em 1090, é que o texto passou a ser estudado e, por meio da Escola dos Glosadores, de Bolonha, se espalhou por toda a Europa. Apesar disso, diferentemente do que ocorreu no Oriente, o instituto não se converteu em princípio geral. Somente por obra de Hugo Grócio, fundador do jusracionalismo, após influência anterior do direito canônico sobre o instituto, é que ele se transformou em remédio autônomo entre as fontes das obrigações.[60]

Em termos históricos mais modernos, o enriquecimento sem causa se dividiu em duas frentes: a corrente causalista, como na França, e a corrente da abstração, como na Alemanha e na Suíça.[61] Elas geraram várias teorias que tentaram, ao longo dos tempos, explicar o enriquecimento sem causa.[62]

---

[60] NANNI, Giovanni Ettore. op. cit., p. 18-31. Essa evolução histórica coincide com aquela exposta por Franz Wieacker, que divide a história do direito privado europeu em etapas: 1) aparecimento da ciência jurídica europeia nos séculos XII a XIV; 2) expansão por toda a Europa nos séculos XII a XVI; 3) aparecimento e predomínio espiritual do moderno direito natural dos séculos XVII e XVIII; 4) escola histórica e positivismo legal e conceitual do século XIX; 5) colapso do positivismo e a crise do direito, no século XX. (WIEACKER, Franz. *História do direito privado moderno*. 3. ed. Tradução de A. M. Botelho Hespanha. Lisboa: Fundação Calouste Gulbekian, 1967. p. 11).

[61] MARTY, Gabriel; RAYNAUD, Pierre. *Les obligations*: les sources. 2. ed. Paris: Sirey, 1988. t. 1, p. 196. NANNI, Giovanni Ettore. op. cit., p. 262-265.

[62] São essas as teorias acerca do enriquecimento sem causa: a) *Gestão de negócios*: a ação *negotiorum gestorum* e a *actio in rem verso* partem do mesmo princípio, pois nos dois casos há imissão nos negócios alheios, com enriquecimento de um em detrimento de outro, o que contraria a máxima de que ninguém pode se enriquecer à custa de outrem; b) *Patrimonial*: a possibilidade de reclamar, por meio de ação pessoal, à míngua de outra ação adequada, a restituição daquilo que deixou seu patrimônio e se incorporou a outro, se funda no direito de propriedade; c) *Unitária do deslocamento patrimonial (Vermögensverschienbungen)*: A pretensão de enriquecimento se constitui sempre ao se verificar uma deslocação patrimonial sem causa, diretamente entre o enriquecimento e o empobrecido, independentemente da forma que se revista essa deslocação; d) *Ato ilícito*: O enriquecido violava a obrigação de restituir o que tinha ganho ao empobrecido, por isso praticava ato ilícito; e) *Responsabilidade civil*: Trata-se de corrente baseada na ideia de proveito criado, em semelhante à teoria do

Merece destaque a teoria da divisão do instituto. Trata-se de corrente derivada dos trabalhos de Walter Wilburg e Ernst Von Caemmerer, segundo a qual o enriquecimento sem causa deve ser dividido em duas categorias: uma relativa a situações de enriquecimento geradas com base numa prestação do empobrecido e outra abrangendo as situações de enriquecimento não fundadas na prestação.

De acordo com essa concepção, o enriquecimento derivado de prestação passa a ser anexo do direito dos contratos e o enriquecimento derivado de situações não fundadas na prestação passa a ser um prolongamento da eficácia do direito de propriedade.

Para Caemmerer, que desenvolveu a doutrina de Wilburg, existem 4 (quatro) espécies de enriquecimento: por prestação (*Leistunsgkondiktion*), por intervenção (*Eingriffskondiktion*), por liberação de uma dívida paga por terceiro (*Rückgriffskondiktion*) e resultante de despesas efetuadas em coisa alheia (*Verwendungskondiktion*).[63]

---

risco criado. O enriquecimento sem causa corresponderia a um prejuízo causado a outrem, mas como a ninguém é dado fazer isso, essa conduta seria considerada fato injusto e ilícito causador de indenização. Em síntese, há a substituição da causalidade pela culpabilidade; e) *equidade:* Trata-se da corrente mais antiga que existe acerca do instituto, pois mesmo no Direito Romano há menção à equidade por parte de Pompônio quando se refere ao enriquecimento sem causa: "*jure naturae aequum este neminem cum alterius detrimento et injuria fieri locupletiorem*" (D., 50, 17, 206). Trata-se da corrente adotada pela Corte de Cassação Francesa; f) *Moral:* Trata-se de teoria desenvolvida por Georges Ripert, segundo a qual o enriquecimento sem causa é vedado porque há uma regra moral na sociedade de que ninguém pode enriquecer injustamente à custa de outrem. (NANNI, Giovanni Ettore. op. cit., p. 109-114; LOPES, Miguel Maria de Serpa. *Curso de direito civil*: fontes acontratuais das obrigações: responsabilidade civil, cit., v. 5, p. 66-67; NONATO, Orozimbo. op. cit., p. 112; LEITÃO, Luís Manuel Teles de Menezes. *Direito das obrigações*: Introdução. Da constituição das obrigações, cit., p. 407-409; RIPERT, Georges. *A regra moral nas obrigações civis*. Trad. Osório de Oliveira. Campinas: Bookseller, 2000. p. 249).

[63] LEITÃO, Luís Manuel Teles de Menezes. O enriquecimento sem causa no novo Código Civil brasileiro. *Revista CEJ*, Brasília, v. 8, n. 25, p. 27, abr./jun. 2004. Paolo Gallo afirma que depois do advento do § 812 BGB, a doutrina e a jurisprudência iniciaram o processo de concretização do princípio do enriquecimento sem causa. Schultz foi o primeiro a escrever um artigo em 1909 tentando reconduzir a obrigação de restituição ao conceito de lesão a um direito. Segundo ele, a base dessa obrigação de restituição seria um ato ilícito consistente numa ingerência (*Eingriff*) não autorizada no direito alheio. No entanto, desse modo, o enriquecimento sem causa não seria nada mais do que um ramo da responsabilidade civil. Wilburg, autor austríaco, foi o segundo autor a tratar do tema. Em monografia escrita

A primeira espécie de enriquecimento se identifica com o pagamento indevido e a última com a gestão de negócios. No pagamento indevido há a realização de uma prestação, sem que exista obrigação subjacente a essa prestação (indébito objetivo) ou sem que esta tenha lugar entre *solvens* e *accipiens* (indébito subjetivo); ou, ainda, sem que deva ser realizada naquele momento (pagamento antecipado). Na gestão de negócios, por sua vez, uma pessoa assume a administração de interesse de terceiro, sem autorização deste, e passa a dirigi-lo no interesse presumível (*utiliter gestum*) e por conta dele.[64] Sendo o negócio utilmente administrado, caberá ao gerido (*dominus negotti*) reembolsar o gestor das despesas necessárias e úteis que houver feito, com juros legais, desde o desembolso, nos termos do artigo 869 do Código Civil brasileiro de 2002.[65]

em 1934 ele foi o primeiro a diferenciar o enriquecimento derivado de uma prestação do empobrecido (*Leistungskondiktion*) de uma que não deriva disso. São encontrados dois artigos escritos vinte anos depois por Kotter (1954) e Caemmerer (1955) desenvolvendo o tema. Kotter se concentrou no enriquecimento sem causa por prestação e Caemmerer no enriquecimento sem causa sem prestação, diferenciando várias figuras: ele individuou, em primeiro lugar, o enriquecimento derivado de fato injusto (*Eingriffskondition*); depois ele tratou do enriquecimento derivado da melhora de bem alheio (*Verwendungskondiction*); por fim, ele especificou o enriquecimento derivado da extinção de um débito ou adimplica uma obrigação de outrem (*Ruckgriffkondiktion*). (GALLO, Paolo. op. cit., p. 26-27).

[64] "*A expressão negócio (alheio) não é aqui usada na sua acepção técnico-jurídica. A actuação do gestor tanto pode concretizar-se em negócios jurídicos em sentido estrito (compras, vendas, empreitada para reparação da coisa, arrendamentos, remições de foros, expurgações de hipotecas, etc.), como em actos jurídicos não negociais (aceitação de pagamentos, cobrança de dívidas, pagamento de foros ou rendas), como até em simples factos materiais (reparação de um muro, sementeira de um campo, alimenação e cuidado de animais, abertura de uma vala para dar escoamento a águas represadas, extinção de um incêndio, arrombamento de uma porta para fechar a torneira que ficou aberta na casa do vizinho). Os actos jurídicos serão, em regra, actos de mera administração, mas nada obsta, em princípio, a que a gestão se estenda a actos de verdadeira disposição.*

Negócio alheio é assim, pràticamente, sinónimo de assunto ou interesse alheio. Este interesse tanto pode ser um interesse material (a conservação ou frutificação de coisas), como um interesse de ordem moral ou espiritual (a saúde, o bom nome, a própria vida de outrem). Indispensável é que se trata de actos susceptíveis de serem realizados por outrem – excluídos, portanto, os que só o próprio titular do interesse tem legitimidade para efectuar". (VARELA, João de Matos Antunes. *Das obrigações em geral*, cit., 1970, p. 290).

[65] O § 1º desse mesmo artigo esclarece o que se deve entender por utilidade da administração:

"(...)

§ 1º *A utilidade, ou necessidade, da despesa, apreciar-se-á não pelo resultado obtido, mas segundo as circunstâncias da ocasião em que se fizerem.*"

Segundo jurisprudência do Superior Tribunal de Justiça, foi essa a corrente adotada no Código Civil brasileiro de 2002, conforme se verifica do trecho destacado do julgado abaixo:

> (...)
> 7. O art. 884 do Código Civil de 2002 adota a doutrina da divisão do instituto, admitindo, com isso, interpretação mais ampla a albergar o termo causa tanto no sentido de atribuição patrimonial (simples deslocamento patrimonial), como no sentido negocial (de origem contratual, por exemplo), cuja ausência, na modalidade de enriquecimento por prestação, demandaria um exame subjetivo, a partir da não obtenção da finalidade almejada com a prestação, hipótese que mais se adequada à prestação decorrente de cláusula indigitada nula (ausência de causa jurídica lícita). (...) (Recurso Repetitivo – Tema 610 – STJ – 2ª Seção – REsp 1361182/ RS, rel. p/ o acórdão Min. Marco Aurélio Bellizze, j. 10/08/2016)

1.2.2.2.2. A Subsidiariedade do Enriquecimento sem Causa

Não é nova a questão relativa à subsidiariedade do instituto do enriquecimento sem causa, vista a partir da subsidiariedade da ação de enriquecimento em relação a outras que incidam sobre o fato jurídico.

Paolo Gallo afirma que a subsidiariedade decorre de tradição francesa, a qual ganhou força também na Itália, onde a jurisprudência assim se manifestava na época em que vigorava o Código Civil de 1865 e que continuou a ser adotada após posicionamento da Corte de Cassação em 1955, já na vigência do novo diploma legal, fazendo com que o artigo 2.041 fosse "reduzido até o osso".[66]

No entender do referido autor, é equivocada a teoria da subsidiariedade abstrata que prevaleceu nesses dois países, pois o problema está em evitar que, por meio da ação de enriquecimento, tente-se contornar ou defraudar a lei; e é precisamente nesta perspectiva que o princípio da subsidiariedade deve ser interpretado.

Por exemplo, há uma disposição específica da lei que afirma que o locatário ou usufrutuário não tem direito à compensação por despesas ou melhorias feitas durante a constância da relação, então não será possível tentar contorná-la através da ação de enriquecimento, e assim por

---

[66] GALLO, Paolo. op. cit., p. 88-91.

diante. Nesta perspectiva, a regra de que cuida o artigo 2042 do Código Civil [italiano] deve ser interpretada em estreita conexão com aquela de que cuida o artigo 1344 do Código Civil [italiano], de tal sorte que a subsidiariedade deve ser entendida pelo viés concreto.[67]

A propósito da subsidiariedade em tela, o Código Civil português de 1966 escolheu tratar expressamente da matéria, e o fez de modo mais detalhado, conforme segue:

> Artigo 474.º
> (Natureza subsidiária da obrigação)
> Não há lugar à restituição por enriquecimento, quando a lei facultar ao empobrecido outro meio de ser indemnizado ou restituído, negar o direito à restituição ou atribuir outros efeitos ao enriquecimento.

Comentando esse artigo, Antunes Varela assevera que há dúvida nos casos em que a intromissão de uma pessoa acaba gerando enriquecimento para ela e, ao mesmo tempo, dano para a outra pessoa. Nessa hipótese, quando o enriquecimento coincidir com o empobrecimento, o caráter subsidiário da ação de enriquecimento não trará problemas. No entanto, se o valor do enriquecimento superar o do dano (empobrecimento), dúvida poderia haver sobre a vedação ao ajuizamento da ação de enriquecimento. Nessa hipótese, em defesa da teoria da subsidiariedade concreta, diz Antunes Varela o seguinte:

> quando assim seja, se o montante do enriquecimento exceder o do dano, a regra da subsidiariedade não deve impedir que se exercite o direito à restituição, visto que as regras da responsabilidade civil não consentem ao lesado meio de ser compensado de tudo quanto o outro obtém à sua custa.[68]

E prossegue o autor nessa mesma linha de raciocínio:

> A pretensão à restituição do enriquecimento sem causa pode ter ainda interesse especial para o lesado, em face do disposto no n. 4 do artigo 498º, relativamente à prescrição do direito de indemnização.

---

[67] Id. Ibid., p. 92-93.
[68] VARELA, João de Matos Antunes. *Das obrigações em geral*. 10. ed. rev. actual. Coimbra: Almedina, 2011. v. 1, p. 504.

O facto ilícito pode ter sido praticado por pessoa desconhecida, que causou um prejuízo ao titular da coisa, ao mesmo tempo que se locupletou à custa deste.

Como o direito à indemnização prescreve, contando-se o prazo de prescrição a partir do conhecimento do direito que cabe ao lesado, independentemente do conhecimento da pessoa do responsável (art.498º, 1), enquanto a prescrição do direito à restituição (fundamentada no enriquecimento sem causa) só corre a partir do conhecimento da pessoa do responsável (art.482º), pode acontecer que o direito à indemnização tenha prescrito e que o único meio de se ressarcir, facultado ao lesado, seja precisamente a acção de restituição.[69]

Segundo Carvalho Santos, à época do Código Civil brasileiro de 1916, que não previa o enriquecimento sem causa como instituto autônomo, a *actio in rem verso* tinha caráter subsidiário, de tal modo que, se o indivíduo tinha a seu dispor uma ação baseada em contrato, ato ilícito ou texto expresso de lei, em estreita e imediata correção com o fato jurídico em questão, é desta ação que deve usar e não da de locuplamento. Mais do que isso: ele afirma que, se, por negligência, perdia o titular o direito de exercer a ação direta e apropriada que lhe competia, como, por exemplo, de restituição do indevido, de anulação do contrato, de gestão de negócios, não podia valer-se depois da ação de *in rem verso*.[70]

Analisando o artigo 886 do Código Civil brasileiro de 2002, que dispõe que não caber a restituição por enriquecimento, se a lei conferir ao lesado outros meios para se ressarcir do prejuízo sofrido, o Superior Tribunal de Justiça chegou à conclusão de que o caráter subsidiário da ação de *in rem verso* deve ser entendido em concreto, conforme se verifica abaixo:

> Por fim, quanto a esse tópico, uma última palavra a respeito da subsidiariedade decorrente do art. 886: «Não caberá a restituição por enriquecimento, se a lei conferir ao lesado outros meios para se ressarcir do prejuízo sofrido.»

---

[69] Id. Ibid., p. 504-505.
[70] CARVALHO SANTOS, J.M. de. *Código Civil brasileiro interpretado*. 2. ed. Rio de Janeiro: Livr. Ed. Freitas Bastos, 1938. v. 12, p. 385.

Para tanto, recorro novamente aos ensinamentos do Prof. Agostinho Alvim, vertidos no retrocitado artigo, como dito, datado dos idos da década de 50:

'Nós entendemos que a ação tem caráter subsidiário, pois que o tem o próprio enriquecimento, como fonte de obrigação. Basta atentar que, se a lei justifica certo enriquecimento, não haverá ação nenhuma.

E se, pelo contrário, repudia, a ação terá que ser aquela que no caso couber, como, verbi gratia, se o possuidor, ainda que de má-fé, tendo entregue o imóvel, quiser haver o que dispendeu com benfeitorias necessárias.

Em qualquer das duas hipóteses, não há um caso típico de enriquecimento, que interessa à teoria.

Quanto (sic) a lei não cogita do caso, nem de um modo nem de outro, e a figura do enriquecimento, por isso mesmo com caráter subsidiário.

Isto não que dizer que se alguém, dispondo de outra ação propuser a de enriquecimento, deva ser repelido.

No exemplo do possuidor, que acabamos de figurar, ele encontra na lei a condenação do enriquecimento, por isso injusto.

Mas se ele, abandonando a ação do Direito comum, propusesse a subsidiária, tomando sobre si o ônus de provar os seus requisitos, inclusive o injustificado do enriquecimento, não deveria ser repelido, só por isso.'

Desse modo, ainda que considerado o caráter subsidiário da ação de enriquecimento sem causa, deve ser respeitada a opção do demandante por esse caminho processual, para o qual deverá arcar com o ônus da prova dos seus requisitos (i – existência de um enriquecimento; ii – obtenção desse enriquecimento à custa de outrem; iii – ausência de causa justificadora para o enriquecimento).[71]

Trata-se da conclusão mais acertada, uma vez que a regra da subsidiariedade do instituto do enriquecimento sem causa foi forjada apenas para que ele não acabasse se tornando a panacéia jurídica, afetando a segurança do sistema. Isso está conectado com a atual funcionalização dos institutos jurídicos. Dessa maneira, não se verificando a intenção de burlar o sistema jurídico por parte daquele que é prejudicado, nada impede que assuma o ônus de comprovar os elementos do enriquecimento

---

[71] Recurso Repetitivo – Tema 610 – STJ – 2ª Seção – REsp 1361182/ RS, rel. p/ o acórdão Min. Marco Aurélio Bellizze, j. 10/08/2016, grifo não original.

sem causa, com vistas a ver restituído o quanto, às suas custas, alguém enriqueceu.

1.2.3. Responsabilidade Civil

É conhecido o princípio "neminem laedere", que significa não ofender ninguém Ele remonta ao direito romano e é considerado na doutrina, inclusive, como princípio geral de direito, ao lado dos outros preceitos de Ulpiano, quais sejam: viver honestamente ("honeste vivere") e dar a cada um o que lhe pertence ou o que é seu ("suum cuique tribuere").[72]

Em termos históricos, o filtro mais importante da responsabilidade civil é a culpa *lato sensu*.[73] Ela já tinha enorme importância no direito romano[74] e foi guindada à condição de elemento central da responsabilidade civil no direito moderno, haja vista o disposto nos artigos 1.382 e 1.383 do Código Civil francês[75], assim redigidos originalmente:

---

[72] VENOSA, Silvio de Salvo. *Direito civil*: parte geral. 3. ed. São Paulo: Atlas, 2003. p. 50.

[73] No caso, usa-se a expressão "responsabilidade civil" de forma abrangente, envolvendo tanto a responsabilização com culpa como a sem culpa, muitas vezes chamada de reparação do dano, haja vista que o Código Civil brasileiro de 2002 não estabelece diferença entre a responsabilidade civil e a reparação do dano, salvo melhor juízo.

[74] Desenvolvida inicialmente em Roma com conotação objetiva, derivada da simples contrariedade do ato praticado com o direito, ganhou conotação subjetiva por conta de influências gregas e orientais, sendo que com a superveniência da ideologia cristã *"ela ganhou fortes contornos éticos e morais, ligados à idéia do livre arbítrio e de sua má utilização pelos fiéis"*. (SCHREIBER, Anderson. op. cit., p. 13-14). A teoria da culpa é aquela que tem na culpa a causa geradora da responsabilidade civil. Há discussão acerca de sua origem, pois alguns autores, tais como Mazeaud e Mazeaud acreditam que o direito romano não tinha essa noção e que, somente no fim da República, é que a culpa aquiliana foi introduzida no ordenamento. Eles negam que a culpa estava no cerne do conceito de delito da Lei Aquilia. Outros, no entanto, entendem exatamente o contrário. Independentemente disso, o certo é que esse foi o caminho seguido na época, tanto que no período justinianeu a culpa subjetiva estava no cerne da responsabilidade, embora com diferenças para a noção atual de culpa. (DIAS, José de Aguiar. *Da responsabilidade civil*, cit., v. 1, p. 45).

[75] A palavra "faute" tem dois significados. No senso objetivo significa *"infração à maneira de agir de um tipo-modêlo determinado; e senso subjetivo: censura moral imputável ao agente"*. Houve resistência à adoção da culpa subjetiva, imaginando-se que se tratava da mesma culpa do direito justinianeu, mas não o era. Em razão disso e do fato de que faltou à lei menção à ilicitude, ou seja, à contrariedade do ato em relação ao direito, acabou se adotando a culpa objetiva, que *"em nada se relaciona com a capacidade individual do agente"*. (Id. Ibid., p. 46-48).

"Art.1382. Tout fait quelconque de l'homme, qui cause à autrui um dommage, oblige celui par la faute duquel il est arrivé, à le réparer."[76]

"Art.1383. Chacun est responsable du dommage qu'il a causé non seulement par son fait, mais encore par as négligence ou par son imprudente."[77]

Afirma Geneviève Viney que o Código Civil francês de 1804 se assentava em três princípios básicos, quais sejam: o universalismo, pois havia uma cláusula geral de responsabilidade civil; o individualismo, haja vista que se impunha o dever de reparar o dano a alguém em particular; e o moralismo, porquanto a pessoa que seria obrigada a reparar o dano seria identificada pela culpa quanto à ocorrência do evento danoso.[78]

Esse sistema contendo cláusula geral de responsabilidade civil fundada na culpa e com imputação individualizada foi reproduzido nos artigos 1151 e 1152 do Código Civil italiano de 1865, que praticamente copiaram a redação dos artigos 1382 e 1383 do Código Civil francês.[79] O mesmo ocorreu com o artigo 159 do Código Civil brasileiro de 1916.[80]

No entanto, com o desenvolvimento das atividades industriais, passaram a ocorrer danos cuja comprovação da culpa pela ocorrência deles era impossível, daí a qualificação de anônimos. A prova da culpa, de tão difícil, para não dizer impossível, era chamada de *probatio diabolica*, e os danos decorrentes eram tidos como fatalidades, *acts of God* ou *damni fatale*. Na prática, as vítimas acabavam sofrendo os danos e arcando com as consequências deles, sem possibilidade de reparação do dano.

---

[76] *"Qualquer ato do homem que cause a outro um dano, obriga aquele que agiu com culpa a repará-lo."*
[77] *"Cada um é responsável pelo dano que ele causa, não somente por sua culpa, mas também por sua negligência e por sua imprudência".*
[78] VINEY, Geneviève – *Les obligations: la responsabilité: conditions.* In: GHESTIN, Jacques (Dir.). *Traité de droit civil.* Paris: LGDJ, 1982, v.4 apud GODOY, Cláudio Luiz Bueno de. *Responsabilidade civil pelo risco da atividade*: uma cláusula geral no Código Civil de 2002. 2. ed. São Paulo: Saraiva, 2010. p. 26.
[79] *"Art. 1151. Qualunque fato dell'uomo che arreca danno ad altri, obbila quello per colpa del quale è avvenuto, a risarcire il danno";* "Art. 1152. Ognuno è risponsabile del danno che há cagionato non solamente per um fato proprio, ma anche per propria negligenza od imprudenza".*
[80] *"Art. 159. Aquele que, por ação ou omissão voluntária, negligência, ou imprudência, violar direito, ou causar prejuízo a outrem, fica obrigado a reparar o dano. A verificação da culpa e a avaliação da responsabilidade regulam-se pelo disposto neste Código, arts. 1.518 a 1.532 e 1.537 a 1.553."*

Com a ascensão de certos segmentos da sociedade, passou a ser exigida uma mudança de postura da parte dos detentores dos meios de produção e do Estado. Não se aceitava mais, especialmente nos países mais industrializados, que houvesse tanta disparidade jurídico-social.

Conforme explica Josserand, a doutrina e a jurisprudência, em ordem, passaram a admitir com maior facilidade a existência de culpa, depois estabeleceram ou reconheceram presunções de culpa, substituíram a noção de culpa pela de risco, assumindo posição em favor da responsabilidade objetiva, e, por fim, estenderam o espaço da responsabilidade contratual, diminuindo, por conseguinte, o espaço da responsabilidade aquiliana.[81]

No Brasil, em termos doutrinários a obra clássica é a de Alvino Lima, chamada "da culpa ao risco". Sobre a teoria do risco, ele explicitou o seguinte:

> (...) imprescindível se tornava, para a solução do problema da responsabilidade extracontratual, afastar-se do elemento moral, da pesquisa psicológica do íntimo do agente, ou da possibilidade de previsão ou de diligência, para colocar a questão sob um ângulo até então não encarado devidamente, isto é, sob o ponto de vista exclusivo da reparação, e não interior, subjetivo, como na imposição da pena. Os problemas da responsabilidade são tão-somente os da reparação de perdas. Os danos e a reparação não devem ser aferidos pela medida da culpabilidade, mas devem emergir do fato causador da lesão de um bem jurídico, a fim de se manterem incólumes a interesses em jogo, cujo desequilíbrio é manifesto, se ficarmos dentro dos estreitos limites de uma responsabilidade subjetiva.[82]

Cláudio Luiz Bueno de Godoy afirma que, com a adoção dessa teoria, segundo a qual, muitas vezes, há coletivização do risco, *"passa-se a cogitar da procura não mais de um culpado, e sim de um responsável pela indenização"*, mostrando claramente que a responsabilidade civil passou a ter um

---

[81] JOSSERAND, Louis. Evolução da responsabilidade civil. *Revista Forense*, Rio de Janeiro, v. 38, n. 86, p. 551, abr./jun. 1941.
[82] LIMA, Alvino. *Da culpa ao risco*. São Paulo: Revista dos Tribunais, 1938. p. 87-88.

enfoque no restauro do equilíbrio econômico, jurídico e social rompido com a causação do dano.[83]

Em termos legislativos, o Brasil seguiu a mesma linha de outros países, inserindo paulatinamente a teoria do risco. Primeiro veio o Decreto n. 2.681/1912, conhecido como Lei de Estradas de Ferro. Várias outras leis se seguiram a ele, tais como a Lei Federal n. 6.453/77 (atividades nucleares) e a Lei Federal n. 7.565/86 (Código Brasileiro de Aeronáutica). A Constituição Federal de 1988 inovou ao estabelecer a responsabilidade objetiva para os acidentes de trabalho (art.7º, inc. XXVIII) e os danos causados por pessoas jurídicas de direito público ou de direito privado prestadoras de serviço público (art.37, § 6º). Mais recentemente, a teoria do risco foi reforçada com a sua adoção no Código de Defesa do Consumidor (arts.12 a 14).

O Código Civil brasileiro de 2002 estabeleceu um sistema dúplice de responsabilidade civil. Nos artigos 186, 187 e 927, *caput*, desse diploma legal há a cláusula geral de responsabilidade civil subjetiva, ao passo que no artigo 927, parágrafo único, está a cláusula geral de responsabilidade civil objetiva.[84]

Da simples leitura do parágrafo único do referido artigo 927 é possível inferir que não está a se tratar de responsabilidade civil baseada na culpa.

---

[83] GODOY, Cláudio Luiz Bueno de. *Responsabilidade civil pelo risco da atividade*: uma cláusula geral no Código Civil de 2002, cit., p. 32. Acerca da solidarização da responsabilidade civil, vale a menção ao seguinte trecho da obra de Anderson Schreiber: *"Os tribunais desconsideram a culpa (todos somos culpados) e a causa (todos somos causadores) dos danos, mas concluem o processo judicial de responsabilização lançando o ônus indenizatório sobre um único – e, muitas vezes, randômico – responsável. Há solidarismo no que diz respeito às condições para a deflagração do dever de reparar, enquanto a atribuição do dever em si continua arraigada ao individualismo mais visceral"*. (SCHREIBER, Anderson. op. cit., p. 7).

[84] *"Art. 186. Aquele que, por ação ou omissão voluntária, negligência ou imprudência, violar direito e causar dano a outrem, ainda que exclusivamente moral, comete ato ilícito.*
Art. 187. Também comete ato ilícito o titular de um direito que, ao exercê-lo, excede manifestamente os limites impostos pelo seu fim econômico ou social, pela boa-fé ou pelos bons costumes.
Art. 927. Aquele que, por ato ilícito (arts. 186 e 187), causar dano a outrem, fica obrigado a repará-lo.
Parágrafo único. Haverá obrigação de reparar o dano, independentemente de culpa, nos casos especificados em lei, ou quando a atividade normalmente desenvolvida pelo autor do dano implicar, por sua natureza, risco para os direitos de outrem"

Em tese, portanto, está a se tratar de responsabilização por ato lícito.[85] E essa é a grande novidade das fontes das obrigações neste campo, pois passou a ser diferenciado o lícito do antijurídico. Deixou-se de lado a responsabilidade civil fundada na culpa e, mais do que isso, também se deixou a pretensão legislativa de, por meio de um sistema fechado, definir absolutamente todas as regras destinadas a definir um culpado.[86]

Num sistema aberto, como é o Código Civil brasileiro de 2002, a definição acerca do responsável pode estar na culpa, no abuso de direito ou no exercício de atividade de risco.[87] Por sinal, sobre a ponderação de valores na responsabilidade civil, vale mencionar a lição de Anderson Schreiber:

---

[85] O cotejo entre o artigo 927, parágrafo único, do Código Civil brasileiro de 2002 e as normas que inspiraram os legisladores brasileiros ajudam a reforçar a ideia de que está a se tratar de atividade lícita. O artigo 493, item 2, do Código Civil português de 1966 dispõe que: *Quem causar danos a outrem no exercício de uma atividade, perigosa por sua própria natureza ou pela natureza dos meios utilizados, é obrigado a repará-los, exceto se mostrar que empregou todas as providências exigidas pelas circunstâncias com o fim de os prevenir".* O artigo 2.050 do *Codice Civile* de 1942, por sua vez, estabelece que: "*Chiunque cagiona danno ad altri nello svolgimento di un'attività pericolosa, per sua natura o per la natura dei mezzi adoperati, e tenuto al risarcimento, se non prova di avere adottato tutte le misure idonee a evitare il danno.*" Em ambos os casos, a lei estrangeira afasta a responsabilização civil se quem exerceu atividade de risco comprova que tomou todas as providências que estavam ao seu alcance para evitar a ocorrência do dano. No caso da norma brasileira, não há essa ressalva.

[86] "*Sub a, leva-se em consideração a distinção entre sistema fechado e sistema aberto. Sistema fechado é aquele em que o direito foi consubstanciado em um corpo sistemático de regras que almejam a completude ao menos potencial; é o sistema no qual as fontes formais do direito são rigidamente predeterminadas, e, entre elas, não se inclui o trabalho do jurista (a jurisprudentia, no sentido clássico da palavra, resume-se a um comentário às regras do sistema). Sistema aberto é aquele em que a maioria das regras estão, ou são consideradas, em estado fluido e em continua transformação; é o sistema no qual não está estabelecida uma linha de demarcação clara entre fontes materiais e fontes formais; é aquele em que ao jurista é atribuída a tarefa de colaborar, com o legislador e com o juiz, no trabalho de criação do novo direito*". (BOBBIO, Norberto. *Da estrutura à função*: novos estudos de teoria do direito. Trad. de Daniela Beccaccia Versiani; rev. técnica de Orlando Seixas Bechara, Renata Nagamine. Barueri-SP: Manole, 2007. p. 38).

[87] I Jornada de Direito Civil do Conselho da Justiça Federal- Enunciado 37: "*A responsabilidade civil decorrente do abuso do direito independe de culpa e fundamenta-se somente no critério objetivo-finalístico.*" JORNADAS de direito civil I, III, IV e V: enunciados aprovados. Coordenador-Geral: Ministro Ruy Rosado de Aguiar. Brasília-DF: Conselho da Justiça Federal, Centro de Estudos Judiciários, 2012. Disponível em: <http://www.cjf.jus.br/cjf/corregedoria-da-justica-federal/centro-de-estudos-judiciarios-1/publicacoes-1/jornadas--cej/compilacaoenunciadosaprovados-jornadas-1-3-4.pdf>.

(...) a seleção dos interesses merecedores de tutela, para fins de aferição do dano, demanda a ponderação entre o interesse da vítima e o interesse do agente cuja conduta se afigura lesiva. Exige-se a avaliação 'simultânea e sintética, e não independente e estática' do comportamento lesivo e do interesse lesado. Conclui-se, neste sentido, que 'o dano será injusto quando, ainda que decorrente de conduta lícita, afetando aspecto fundamental da dignidade da pessoa humana, não for razoável, ponderados os interesses contrapostos, que a vítima dele permaneça.[88]

I Jornada de Direito Civil do Conselho da Justiça Federal- Enunciado 38:
"A responsabilidade fundada no risco da atividade, como prevista na segunda parte do parágrafo único do art. 927 do novo Código Civil, configura-se quando a atividade normalmente desenvolvida pelo autor do dano causar a pessoa determinada um ônus maior do que aos demais membros da coletividade."
JORNADAS de direito civil I, III, IV e V: enunciados aprovados, cit.
[88] SCHREIBER, Anderson. op. cit., p. 155-156.

Capítulo 2
O Pagamento Indevido no Direito Estrangeiro

O direito é ciência social aplicada e, como tal, se destina, precipuamente, a regular a vida em sociedade, evitando conflitos ou resolvendo-os. Ele se corporifica, nos mais das vezes, especialmente nos sistemas derivados da linha romano-germânica, em leis (*lato sensu*). O conjunto dessas leis é chamado de direito positivo.

Sucede que, por derivar dos fatos – *ex facto oritur jus* – e por haver peculiaridades sócio-culturais nos diversos países, o direito positivo se apresenta diversificado ao redor do mundo, malgrado uma origem comum. A respeito disso, afirma Vicente Ráo o seguinte:

> É o direito, dessarte, o espelho que melhor reflete o modo de viver de cada povo e as suas aspirações próprias, permitindo classifica-lo dentro do quadro maior da comunhão universal, permitindo, ainda, fixar os seus momentos históricos, porque os fatos que dão origem ao direito positivo, não são apenas mutáveis de povo a povo, mas, também, dentro de cada povo, como manifestações das sucessivas fases de sua vida social.[89]

Dito isso, mostra-se importante para o conhecimento aprofundado de um instituto jurídico não só conhecer as suas origens, como foi feito no

---

[89] RÁO, Vicente. *O direito e a vida dos direitos.* 5. ed. anot. e atual. por Ovídio Rocha Barros Sandoval. São Paulo: Revista dos Tribunais, 1999. p. 99.

capítulo anterior, mas também verificar o seu desenvolvimento em outros países. Somente essa análise permite mostrar semelhanças e diferenças entre sistemas e, por conseguinte, extrair conclusões acerca de pontos positivos ou negativos do sistema pátrio.

Sob esse prisma, sem a pretensão de fazer uma análise verdadeiramente comparada, foram escolhidos alguns sistemas jurídicos de origem romano-germânica para fins de comparação com o sistema brasileiro, no que diz respeito ao tratamento dispensado ao instituto do pagamento indevido.[90] Na primeira parte, será exposta a disciplina do pagamento indevido na Alemanha, na Suiça e em Portugal, onde os sistemas o inserem no bojo de uma teoria geral do enriquecimento sem causa.

---

[90] Optou-se por excluir do campo de análise o tratamento do pagamento indevido na *commom law*, visto que sua origem é outra. Conforme explica Giovanni Ettore Nanni, na Inglaterra não há o reconhecimento de uma ação genérica de enriquecimento sem causa, mas uma variação de diferentes casos fundamentados no princípio de Mansfield, que consiste na decisão proferida por Lorde Mansfield no caso *Moses vs Macferlan*, em 1760. Mencionando doutrina de Peter Birks, o autor explica que há uma primeira divisão: *restitution for unjust enrichment* e *restitution for wrongs*. A primeira se subdivide em *non-voluntary transfer, free acceptance* e *others*. A respeito dessas três subespécies, é dito que a primeira se refere às transferências não voluntárias, que podem derivar de ignorância, erro, coação ou desigualdade; ou, ainda, de transferência inicialmente voluntária, mas que se tornou involuntária em vista de fato que acabou por não se realizar, p.ex.: pagamento parcial adiantado por serviço que acaba não sendo realizado. *Free acceptance* ocorre quando o receptor tem conhecimento de que um benefício lhe é oferecido não gratuitamente e, tendo oportunidade de rejeitá-lo, decide aceitar. Ex.: limpador de janela que inicia serviço e que é informado de que não seria desejável apenas após o seu término. A terceira subespécie, *others*, corresponde a uma miscelânea de casos que não se adequariam às outras duas subespécies, como não cobrança de taxas sem a respectiva previsão legal e a restituição concedida para desencorajar as pessoas. De outro lado, o *unjust enrichment for wrongs* consiste no enriquecimento derivado de um dano praticado pelo beneficiário em desfavor do prejudicado. (NANNI, Giovanni op. cit., p. 72-74). Por essa exposição, o pagamento indevido seria passível de qualificação como *restitution for unjust enrichment* na categoria *non-voluntary transfer*, seja por conta do erro (*mistake*), praticamente como no sistema brasileiro, seja por conta do fato que não se concretizou e que transformou a transferência em involuntária, como na *condictio causa data causa non secuta*. No tocante ao direito norte-americano, Giovanni Ettore Nanni afirma, com base em Luis Manuel Teles de Menezes Leitão, que há várias espécies de *restitution*, uma das quais é aquela que decorre de prestação concretizada por erro, a qual foi marcada no sistema daquele país por obra de Goerge Palmer, datada de 1962, denominada *Mistake and unjust enrichment*. (Id. Ibid., p. 78-79).

Em seguida, será analisado o regramento na França e na Espanha, onde o pagamento indevido é tratado como quase-contrato, tal como na divisão romana. Por fim, serão verificados os sistemas da Argentina, de Quebec, província do Canadá que adota a *civil law*, e da Itália. Nesses locais adota-se o sistema do pagamento indevido como ato restitutório, exatamente como se faz no Brasil.

2.1. Sistemas da Teoria Geral do Enriquecimento sem Causa
2.1.1. Alemanha

De acordo com Paolo Gallo, antes do advento do BGB, de 1896, o entendimento dominante na jurisprudência e na doutrina era no sentido de se remediar a falta de uma ação de enriquecimento fazendo ampla referência à ação de gestão de negócios no sentido objetivo, que era aquela que dispensava a ciência por parte do gestor de que conduzia negócio alheio (*animus aliena negotia gerendi*). Era essa a posição de Windscheid, Jhering e Dernburg.

No entanto, no século XIX houve uma inversão no posicionamento jurídico e, após intensa discussão acerca da questão por ocasião da elaboração do BGB, acabou prevalecendo a posição subjetiva quanto à gestão de negócios, como se verificou posteriormente no parágrafo 687 do referido diploma legal.

Durante os trabalhos preparatórios, a primeira comissão (1887) deixou amplo espaço para o sistema romano das *condictiones* (*Kondiktionenschema*). No entanto, a segunda comissão (1895) elaborou proposta com a substituição das *condictiones* por um princípio geral, a qual acabou sendo recebida no texto definitivo do BGB.

Isso se deu ao trabalho desempenhado na época por Savigny, que foi o primeiro autor a reunificar as *condictiones*. Ele afirmava que todas poderiam ser reconduzidas a um princípio geral que ninguém tinha enunciado até aquele momento, qual seja, o dever geral decorrente do enriquecimento sem causa à custa de outrem.[91]

O enriquecimento sem causa é tratado entre os parágrafos 812 e 822 do referido diploma. O principal parágrafo, aquele que praticamente define o que se deve considerar como enriquecimento injusto, é

---

[91] GALLO, Paolo. op. cit., p. 24-26.

o primeiro dessa sequência. O que se extrai de mais importante dele é que trabalha com o conceito de causa jurídica.[92]

§ 812 Herausgabeanspruch

(1) Wer durch die Leistung eines anderen oder in sonstiger Weise auf dessen Kosten etwas ohne rechtlichen Grund erlangt, ist ihm zur Herausgabe verpflichtet. Diese Verpflichtung besteht auch dann, wenn der rechtliche Grund später wegfällt oder der mit einer Leistung nach dem Inhalt des Rechtsgeschäfts bezweckte Erfolg nicht eintritt.

(2) Als Leistung gilt auch die durch Vertrag erfolgte Anerkennung des Bestehens oder des Nichtbestehens eines Schuldverhältnisses.[93]

Essa norma indica que o enriquecimento sem causa tanto pode decorrer de inexistência originária da causa jurídica, ou seja, se ela nunca existiu, assim como se a causa desaparece ou se o resultado visado, conforme tratado no negócio jurídico, não chega a ocorrer.

Luis Manuel Teles de Menezes Leitão afirma que a doutrina alemã sustenta hoje que o parágrafo 812 distingue claramente entre o enriquecimento sem causa baseado numa prestação (*Leistungskondiktionen*) e o enriquecimento não-baseado numa prestação (*Nichtsleistungskondiktionen* ou *Bereicherung in sonstinger Weise*).[94]

Ele também diz que, no âmbito da primeira categoria estão os casos tradicionais da *condictio indebiti, condictio ob causam finitam, condictio ob rem* e *condictio ob turpem vel injustam causam*. Sem dúvida, é esta a hipótese em que se situa o pagamento indevido. Prestação realizada a título de pagamento, sem que exista fundamento jurídico que o justifique, quer

---

[92] LOPES, Miguel Maria de Serpa. *Curso de direito civil*: fontes acontratuais das obrigações: responsabilidade civil, cit., v. 5, p. 76.

[93] § 812 Pedido de restituição
(1) A pessoa que recebe prestação realizada por outrem a título de cumprimento de obrigação ou de outra forma realizada às suas expensas, mas sem fundamento legal para recebê-la, tem o dever de proceder à restituição. Esta obrigação também existe se os fundamentos jurídicos caducarem mais tarde ou se o resultado que se pretendia atingir com esses esforços de acordo com o conteúdo do negócio jurídico, não ocorrer.
(2) O desempenho também inclui o reconhecimento da existência ou inexistência de uma obrigação. (trad. livre)

[94] LEITÃO, Luís Manuel Teles de Menezes. O enriquecimento sem causa no novo Código Civil brasileiro, cit., p. 28.

pela inexistência de causa, quer pelo seu desaparecimento. Cabe ressaltar que a lei alemã não faz menção ao erro como requisito para a restituição do pagamento indevido.

No âmbito da segunda categoria está, além do enriquecimento por intervenção (*Eingriffskondiktion*), outros casos de enriquecimento não baseados numa prestação, como o enriquecimento por despesas feitas (*Aufwendungskondiktion*), nas suas modalidades da *condictio* por benfeitorias (*Verwendungskondiktion*) e regresso (*Rückgriffskondiktion*), assim como o enriquecimento derivado de fenômeno da natureza.[95]

A essas hipóteses, os parágrafos 813 e 816 acrescentam outras: ausência de causa jurídica consistente no afastamento do direito à prestação do *accipiens* por meio de exceção peremptória, disposição *a non domino* e prestação realizada em favor de quem não é credor.[96]

A título de causas extintivas do direito de repetir o indébito, o BGB indica no parágrafo 814 o pagamento feito por dever moral ou de

---

[95] Id. Ibid., p. 29.
[96] "§ 813 Erfüllung trotz Einrede
(1) Das zum Zwecke der Erfüllung einer Verbindlichkeit Geleistete kann auch dann zurückgefordert werden, wenn dem Anspruch eine Einrede entgegenstand, durch welche die Geltendmachung des Anspruchs dauernd ausgeschlossen wurde. Die Vorschrift des § 214 Abs. 2 bleibt unberührt.
(2) Wird eine betagte Verbindlichkeit vorzeitig erfüllt, so ist die Rückforderung ausgeschlossen; die Erstattung von Zwischenzinsen kann nicht verlangt werden."
§ 813 Desempenho não obstante a defesa
(1) A restituição da prestaçao realizada com vistas ao cumprimento de obrigação pode ser exigida se o pedido estiver sujeito a uma defesa através da qual a afirmação do pedido tenha sido permanentemente excluída. As disposições do n.º 2 do artigo 214.º não são afetadas.
(2) Se uma obrigação devida em uma data específica é realizada antes, então o pedido de retorno é excluído e o reembolso de juros vincendos não pode ser exigido. (trad. livre)
"§ 816 Verfügung eines Nichtberechtigten
(1) Trifft ein Nichtberechtigter über einen Gegenstand eine Verfügung, die dem Berechtigten gegenüber wirksam ist, so ist er dem Berechtigten zur Herausgabe des durch die Verfügung Erlangten verpflichtet. Erfolgt die Verfügung unentgeltlich, so trifft die gleiche Verpflichtung denjenigen, welcher auf Grund der Verfügung unmittelbar einen rechtlichen Vorteil erlangt.
(2) Wird an einen Nichtberechtigten eine Leistung bewirkt, die dem Berechtigten gegenüber wirksam ist, so ist der Nichtberechtigte dem Berechtigten zur Herausgabe des Geleisteten verpflichtet."
§ 816 Disposição por uma pessoa não autorizada
(1) Se uma pessoa não autorizada dispuser de um objeto e a decisão for eficaz contra a pessoa autorizada, então ele é obrigado a restituir à pessoa autorizada o que ganhou com a disposição. Se a disposição é gratuita, então o mesmo dever se aplica a pessoa que, como resultado da disposição, obteve diretamente uma vantagem.

consciência;⁹⁷ no parágrafo 815 a obrigação com objeto impossível ou cuja ocorrência foi impedida pelo devedor, à semelhança do que está previsto nos artigos 106 e 129 do Código Civil brasileiro de 2002;⁹⁸ e no parágrafo 817 a obrigação com fins ilícitos.⁹⁹

---

(2) Se a prestação é realizada a uma pessoa não autorizada e isso é eficaz em relação à pessoa autorizada, então a pessoa não autorizada tem o dever de fazer a restituição da prestação. (trad. livre)

⁹⁷ "§ 814 Kenntnis der Nichtschuld
Das zum Zwecke der Erfüllung einer Verbindlichkeit Geleistete kann nicht zurückgefordert werden, wenn der Leistende gewusst hat, dass er zur Leistung nicht verpflichtet war, oder wenn die Leistung einer sittlichen Pflicht oder einer auf den Anstand zu nehmenden Rücksicht entsprach."
§ 814 Conhecimento de que a dívida não é devida
A restituição da prestação não pode ser exigida se a pessoa que a prestou sabia que não estava obrigada a fazê-lo ou se a execução respeitava um dever moral ou consideração de decência. (trad. livre)

⁹⁸ "§ 815 *Nichteintritt des Erfolgs*
Die Rückforderung wegen Nichteintritts des mit einer Leistung bezweckten Erfolgs ist ausgeschlossen, wenn der Eintritt des Erfolgs von Anfang an unmöglich war und der Leistende dies gewusst hat oder wenn der Leistende den Eintritt des Erfolgs wider Treu und Glauben verhindert hat."
"Art. 106. A impossibilidade inicial do objeto não invalida o negócio jurídico se for relativa, ou se cessar antes de realizada a condição a que ele estiver subordinado." (trad. livre)
§ 815 Não ocorrência de resultado
O pedido de restituição pela por não ocorrência do resultado pretendido é excluído se a ocorrência do resultado era impossível desde o início ou a pessoa que realizou a prestação impediu o resultado de ocorrer de má-fé. (trad. livre)
"Art. 129. *Reputa-se verificada, quanto aos efeitos jurídicos, a condição cujo implemento for maliciosamente obstado pela parte a quem desfavorecer, considerando-se, ao contrário, não verificada a condição maliciosamente levada a efeito por aquele a quem aproveita o seu implemento.*"

⁹⁹ "§ 817 *Verstoß gegen Gesetz oder gute Sitten*
War der Zweck einer Leistung in der Art bestimmt, dass der Empfänger durch die Annahme gegen ein gesetzliches Verbot oder gegen die guten Sitten verstoßen hat, so ist der Empfänger zur Herausgabe verpflichtet. Die Rückforderung ist ausgeschlossen, wenn dem Leistenden gleichfalls ein solcher Verstoß zur Last fällt, es sei denn, dass die Leistung in der Eingehung einer Verbindlichkeit bestand; das zur Erfüllung einer solchen Verbindlichkeit Geleistete kann nicht zurückgefordert werden."
§ 817 Violação de lei ou ordem pública
Se a finalidade da prestação foi determinada de tal forma que o destinatário, ao aceitá-la, estava violando uma proibição estatutária ou uma política pública, então o destinatário é obrigado a restituir. O pedido de restituição é excluído se a pessoa que realizou a prestação também for culpada de tal violação, a menos que a execução consistisse em assumir uma obrigação. A restituição não pode ser exigida de qualquer prestação realizada em cumprimento de tal obrigação. (trad. livre)

O último preceito normativo da sequência supracitada é o parágrafo 818.[100] Nele se destaca a noção do enriquecimento sem causa patrimonial, em oposição ao real, porquanto se não há efetivo enriquecimento, dispensa a lei a restituição.

2.1.2. Portugal

O Código Civil português de 1867, conhecido como Código Seabra, não previa nem o enriquecimento sem causa, nem o pagamento indevido como fontes das obrigações. Em seu livro III, denominado "Dos direitos que se adquirem por mero facto de outrem, e dos que se adquirem por simples disposição da lei", havia apenas dois títulos, quais sejam, a gestão de negócios e a sucessão (*causa mortis*). Está claro que a única fonte de obrigação decorrente de mero fato de outrem, ou seja, de um ato unilateral, segundo a tradicional classificação das fontes das obrigações, era a gestão de negócios.[101]

---

[100] LOPES, Miguel Maria de Serpa. *Curso de direito civil*: fontes acontratuais das obrigações: responsabilidade civil, cit., v. 5, p. 76-77.
"§ 818 Umfang des Bereicherungsanspruchs
(1) Die Verpflichtung zur Herausgabe erstreckt sich auf die gezogenen Nutzungen sowie auf dasjenige, was der Empfänger auf Grund eines erlangten Rechts oder als Ersatz für die Zerstörung, Beschädigung oder Entziehung des erlangten Gegenstands erwirbt.
(2) Ist die Herausgabe wegen der Beschaffenheit des Erlangten nicht möglich oder ist der Empfänger aus einem anderen Grunde zur Herausgabe außerstande, so hat er den Wert zu ersetzen.
(3) Die Verpflichtung zur Herausgabe oder zum Ersatz des Wertes ist ausgeschlossen, soweit der Empfänger nicht mehr bereichert ist.
(4) Von dem Eintritt der Rechtshängigkeit an haftet der Empfänger nach den allgemeinen Vorschriften."
§ 818 Âmbito do pedido de enriquecimento
(1) O dever de restituição abrange os lucros obtidos, bem como o que o destinatário adquire em virtude de um direito adquirido ou em compensação pela destruição, dano ou privação do objeto obtido.
(2) Se a restituição não for possível devido à natureza do benefício obtido, ou se o destinatário for por outra razão incapaz de restituir, então ele deve compensar seu valor.
(3) A responsabilidade de restituição da prestação ou de reembolso do valor é excluída na medida em que o destinatário não tenha enriquecido.
(4) A partir do momento em que a ação é ajuizada, o destinatário é responsável nos termos das disposições gerais da lei. (trad. livre)
[101] Segundo Luis da Cunha Gonçalves, isso não significa que o instituto era desconhecido do direito português, claro, pois além de sua origem romana, seu fundamento, que seria dar a cada um o que é seu, poderia ser encontrado em diversos preceitos normativos, tais

Isso não significa, contudo, que o pagamento indevido não constava do referido diploma legal. O artigo 758 do referido diploma legal rezava o seguinte:

> Quando, por erro de facto ou de direito, nos termos dos artigos 657º e seguintes, alguem paga o que realmente não deve, pôde recobrar o que houver dado, nos seguintes termos:
> § 1º. O que de má fé receber cousa indevida, deve restituil-a com perdas e damnos. Se a transmitiu a outrem, que fosse egualmente de má fé, pôde o lesado reivindicál-a. Mas, se o acquirente foi de boa fé, só o póde reivindicar o lésado, tendo sido transferida por título gratuito, e achando-se o alheador insolvente.
> § 2º. Em quanto as bemfeitorias, observar-se-há o que fica disposto nos artigos 499º e seguintes.

Consoante lição de Luis da Cunha Gonçalves, havia pagamento indevido "quando a obrigação já estava extinta, ou dependia de condição suspensiva e por isso não estava nascida, ou, existindo a dívida, quem pagou não era o verdadeiro devedor, ou quem receber não era o verdadeiro credor."[102]

Ele ainda complementa essa explicação dizendo que:

> a estes casos, que são mais vulgares, podem acrescentar-se mais os seguintes: a) pagamento de uma cousa mais valiosa do que a devida; b) prestação de uma cousa determinada exigida pelo credor, quando o devedor só a devida em alternativa e à sua escolha; c) prestação de duas cousas cumulativas, quadno só uma era devida.[103]

Sob esse prisma, o Código Civil português de 1966 inovou na ordem jurídica local, em primeiro lugar, por prever tanto a gestão de negócios

como o reembolso das benfeitorias ou despesas feitas em cousa alheia, nos artigos 498, 499, 758, § 2º, 1.047, § 5º, 1.163, 1.614, etc. (GONÇALVES, Luís da Cunha. *Princípios de direito civil luso-brasileiro*: direito das obrigações. São Paulo: Max Limonad, 1951. v. 2, p. 559-560).
[102] GONÇALVES, Luís da Cunha. *Princípios de direito civil luso-brasileiro*: direito das obrigações, cit., v. 2, p. 563.
[103] GONÇALVES, Luís da Cunha. *Princípios de direito civil luso-brasileiro*: direito das obrigações, cit., v. 2, p. 563.

quanto o enriquecimento sem causa, respectivamente, entre os artigos 464 a 472 e 473 a 482; e, em segundo lugar, por incluir o pagamento indevido no bojo da disciplina do enriquecimento sem causa.

Dispõe o artigo 473 do Código Civil português em vigor o seguinte:

> Artigo 473º
> (Princípio geral)
> 1. Aquele que, sem causa justificativa, enriquecer à custa de outrem é obrigado a restiuir aquilo com que injustamente se locupletou.
> 2. A obrigação de restituir, por enriquecimento sem causa, tem de modo especial por objecto o que for indevidamente recebido, ou o que for recebido por virtude de uma causa que deixou de existir ou em vista de um efeito que não se verificou.

À vista desse preceito normativo, afirma Luis Manuel Teles de Menezes Leitão que o Código Civil português, tal como o alemão, seguiu a sistematização das *condictiones* do direito romano, pois estabeleceu a restituição para as hipóteses de indevido recebimento, recebimento em virtude de causa que deixou de existir e em vista de efeito que não se verificou, o que corresponde, respectivamente, às *condictiones indebiti, ob causam finitam* e *ob rem*.[104]

Ele também diz que, com exceção dos artigos 475 e 480, que versam sobre hipóteses atinentes com a *condictio ob rem*, no mais, dos artigos 476 e seguintes do referido diploma só são tratadas hipóteses coincidentes com a *condictio indebiti*.[105]

A propósito do enriquecimento sem causa, importa anotar que o artigo 474 do diploma legal em tela estabelece a subsidiariedade do instituto.[106] Segundo Almeida Costa, a inexistência de ação normalmente adequada

---

[104] LEITÃO, Luís Manuel Teles de Menezes. *Direito das obrigações*: Introdução. Da constituição das obrigações, cit., p. 418-419; COSTA, Mário Júlio de Almeida. op. cit., p. 505.

[105] LEITÃO, Luís Manuel Teles de Menezes. O enriquecimento sem causa no novo Código Civil brasileiro, cit., p. 28-29.

[106] *"ARTIGO 474º*
(Natureza subsidiária da obrigação)
Não há lugar à restituição por enriquecimento, quando a lei facultar ao empobrecido outro meio de ser indemnizado ou restituído, negar o direito à restituição ou atribuir outros efeitos ao enriquecimento."

para fins de caracterização da subsidiariedade da ação de enriquecimento equipara-se à circunstância desta não poder ser exercida em consequência de um obstáculo legal, tal como a prescrição da ação de indenização, bem como dela não ser útil por razões de fato, por exemplo, por conta da insolvência do devedor.[107] Consoante análise anterior, trata-se da concepção da subsidiariedade abstrata.

Outra anotação interessante acerca do enriquecimento sem causa no direito português diz respeito ao objeto da restituição. Como visto anteriormente, uma das principais diferenças entre o enriquecimento sem causa e a responsabilidade civil é que naquela a restituição é limitada ao locupletamento sem causa da outra pessoa, ao passo que nesta a indenização pode ultrapassar esse limite e chegar até o ponto em que o dano atingiu o patrimônio do prejudicado. Justamente por isso é que se diz que uma fonte é estática e outra dinâmica.

Pois bem, essa limitação consta expressamente do artigo 479 do Código Civil português de 1966, mas com uma peculiaridade. Consta que a data da verificação da medida do locupletamento pode ser tanto na data da citação para a ação de restituição ou no momento em que o "empobrecido" tem conhecimento da falta de causa do seu empobrecimento ou da falta do efeito que se pretendia obter com a prestação.

Artigo 479º
(Objecto da obrigação de restituir)
1. A obrigação de restituir fundada no enriquecimento sem causa compreende tudo quando se tenha obtido à custa do empobrecido ou, se a restituição em espécie não for possível, o valor correspondente.
2. A obrigação de restituir não pode exceder a medida do locupletamento à data da verificação de algum dos factos referidos nas duas alíneas do artigo seguinte.

Artigo 480º
(Agravamento da obrigação)
O enriquecido passa a responder também pelo perecimento ou deterioração culposa da coisa, pelos frutos que por sua culpa deixem de ser percebidos

---

[107] COSTA, Mário Júlio de Almeida. op. cit., p. 503.

e pelos juros legais das quantias a que o empobrecido tiver direito, depois de se verificar algumas das seguintes circunstâncias:

a) Ter sido o enriquecido citado judicialmente para a restituição;

b) Ter ele conhecimento da falta de causa do seu enriquecimento ou da falta do efeito que se pretendia obter com a prestação.

Sobre a expressão "tudo quanto se tenha obtido", constante do artigo 479 do Código Civil português de 1966, diz Menezes Leitão o seguinte:

> pode ser definido com referência ao valor objetivo da aquisição, ou com referência ao aumento patrimonial por ela causado. No Direito Comparado, a doutrina oscila entre a defesa de uma concepção que se dirige de forma ilimitada para o objeto (concepção real do enriquecimento) e a defesa de uma concepção que aponta também ilimitadamente para o aumento patrimonial (concepção patrimonial do enriquecimento). Por vezes, encontram-se também soluções intermediárias entre estas teses.
>
> No âmbito do direito português, a interpretação do art.479º tem assentado na referência de que a extensão da pretensão de enriquecimento se encontra duplamente limitada, por um lado, pelo ganho obtido pelo empobrecido, e por outro, pelo empobrecimento sofrido pelo empobrecido.
>
> É a denominada teoria do duplo limite tradicional (...).[108]

Passando à análise do pagamento indevido, incluído como hipótese de enriquecimento sem causa no diploma legal em comento, conforme dito anteriormente, cabe anotar que ele se divide em duas categorias, quais sejam, a do indébito objetivo (art.476)[109] e a do indébito subjetivo

---

[108] LEITÃO, Luís Manuel Teles de Menezes. *Direito das obrigações*: Introdução. Da constituição das obrigações, cit., p. 458.

[109] *"Artigo 476º*

(Repetição do indevido)

1. Sem prejuízo do disposto acerca das obrigações naturais, o que for prestado com intenção de cumprir uma obrigação pode ser repetido, se esta não existia no momento da prestação.

2. A prestação feita a terceiro pode ser repetida pelo devedor enquanto não se tornar liberatória nos termos do artigo 770º.

3. A prestação feita por erro desculpável antes do vencimento da obrigação só dá lugar à repetição daquilo com que o credor se enriqueceu por efeito do cumprimento antecipado."

(arts.477 e 478).[110] É algo semelhante ao que ocorre em outros diplomas, tal como na Itália.

A respeito do indébito objetivo, o que é importante verificar é que são exigidos três requisitos para que ele se configure: que se efetue uma prestação com a finalidade de cumprir uma obrigação, que essa obrigação não exista na data da prestação e que a prestação efetuada nem mesmo se relacione com um dos deveres de ordem moral ou social, como as obrigações naturais.[111]

Sobre o segundo requisito do indébito objetivo, a inexistência de obrigação no momento em que realizada a prestação, vale dizer que ela pode nem ter chegado a se constituir ou já estar extinta quando a prestação é realizada.[112] Ainda há a hipótese de existir uma obrigação, mas ela não ser exigível. Nesse caso, de acordo com o item 3º do artigo 476 do diploma legal em tela, o erro deve ser desculpável.

Diferentemente do Código Civil brasileiro de 2002, portanto, o erro é requisito apenas do indébito objetivo de prestação inexigível. A propósito, salienta Almeida Costa que:

> haverá lugar à repetição do indevido, ainda que o autor do cumprimento o tenha efectuado com dúvidas sobre a existência da obrigação ou estando até seguro da sua inexistência. Pense-se, por exemplo, num pagamento

---

[110] *"Artigo 477º*
(Cumprimento de obrigação alheia na convicção de que é própria)
1. Aquele que, por erro desculpável, cumprir uma obrigação alheia, julgando-a própria, goza de direito de repetição, excepto se o credor, desconhecendo o erro do autor da prestação, se tiver privado do título ou das garantias do crédito, tiver deixado prescrever ou caducar o seu direito, ou não o tiver exercido contra o devedor ou contra o fiador enquanto solventes.
2. Quando não existe o direito de repetição, fica o autor da prestação sub-rogado nos direitos do credor."
"Artigo 478º
(Cumprimento de obrigação alheia na convicção de estar obrigado a cumpri-la)
Aquele que cumprir obrigação alheia, na convicção errónea de estar obrigado para com o devedor a cumpri-la, não tem o direito de repetição contra o credor, mas apenas o direito de exigir do devedor exonerado aquilo com que este injustamente se locupletou, excepto se o credor conhecia o erro ao receber a prestação."
[111] COSTA, Mário Júlio de Almeida. op. cit., p. 506.
[112] LEITÃO, Luís Manuel Teles de Menezes. *Direito das obrigações*: Introdução. Da constituição das obrigações, cit., p. 420.

realizado <à cautela>, para evitar possíveis efeitos da mora ou os incómodos e despesas de um litígio com o credor.[113]

No que diz respeito ao indébito subjetivo, o Código Civil português permite que sejam imaginadas duas situações diversas: o pagamento indevido de obrigação alheia, na convicção de que ela era própria (art.477), e o pagamento indevido de obrigação que se sabia alheia, mas na convicção errônea de que se estava obrigação a isso para com o credor (art.478).

Existe o direito à repetição do indevido em ambas as hipóteses, mas de modo excepcional e com requisitos diversos.[114] Na primeira hipótese, do pagamento de dívida alheia que se tinha como própria, exige-se o erro desculpável. No entanto, mesmo que ele se apresente, não há direito à repetição do indébito se o credor, desconhecendo-o, tiver se privado do título ou das garantias do crédito, deixado prescrever ou caducar seu direito, ou, ainda, não tiver exercido contra o devedor ou contra o fiador enquanto solventes. Nessas situações todas, o *solvens* perde o direito à repetição do indébito, mas fica sub-rogado nos direitos do credor.

De outro lado, na segunda hipótese, do pagamento de dívida alheia que se sabia alheia, mas que se acreditava estar obrigado à realização da prestação, como é o caso daquele que acredita ser fiador ou avalista, não o sendo, só há direito à repetição do indébito se há erro desculpável do *solvens* e isso era do conhecimento do *accipiens*.

Comentando essa segunda hipótese de indébito subjetivo, Menezes Leitão explica por que está a se tratar de enriquecimento por atribuição patrimonial indireta:

---

[113] COSTA, Mário Júlio de Almeida. op. cit., 508.

[114] Segundo Menezes Leitão, é restritiva a regra que permite a restituição porque "*há que se tomar em consideração a posição do credor, uma vez que este receber o que lhe é devido (suum recepit), pelo que se torna dificilmente sustentável obriga-lo pura e simplesmente à restituição. Essa restituição só é, por isso, admitida em casos excepcionais, referidos nos arts.477º e 478º, pressupondo-se um erro do terceiro, cujos efeitos variam consoante ele julgue cumprir uma obrigação própria ou julgue estar obrigado perante o devedor a cumpri-la. Essas limitações visam tutelar a situação do credor de boa fé, pelo que, conhecendo ele o erro do autor da prestação, estará sempre obrigado à restituição*". (LEITÃO, Luís Manuel Teles de Menezes. *Direito das obrigações*: Introdução. Da constituição das obrigações, cit., p. 420-421).

Já no art. 478º, regula-se a situação de o terceiro cumprir obrigação alheia na convicção errónea de estar obrigado para com o devedor a cumpri-la. Neste caso, existe uma situação de enriquecimento por prestação, mas o fim desta não reside em realizar uma atribuição ao credor, mas antes em relação ao devedor, em virtude de uma obrigação que o terceiro julga ter em relação a ele. Está-se, assim, perante uma atribuição patrimonial indirecta, já que o património do credor aparece como meramente interposto em relação ao património do devedor, sendo este que o terceiro pretende incrementar, obtendo a liberação da sua obrigação perante o credor. Naturalmente que, por esse motivo, não é do credor, mas do devedor que o terceiro deverá exigir a restituição do enriquecimento, salvo se o credor conhecer o erro do terceiro, caso em que a sua posição deixa de merecer tutela.[115]

2.2. Sistemas do Pagamento Indevido como Quase-Contrato
2.2.1. França

O Código Civil francês, de 21 de março de 1804, denominado expressamente *Code Napoléon* por Decreto de 1.852, tem estrutura bem diversa da que é encontrada no Código Civil brasileiro de 2002. Ele não tem uma parte geral ao início, como havia pensado Teixeira de Freitas no século XIX, e como fizeram os alemães no BGB, que entrou em vigor em 1900. Além disso, não há um livro que versa sobre o direito das obrigações, como matéria autônoma. Mostrando fortemente a preocupação vivida na época, de facilitar o acesso à propriedade por parte dos burgueses, as obrigações são tratadas no interior do livro III, que tem como título as diferentes maneiras pelas quais se adquire a propriedade.[116]

---

[115] LEITÃO, Luís Manuel Teles de Menezes. *Direito das obrigações*: Introdução. Da constituição das obrigações, cit., p. 421.

[116] *"A bem da verdade, e tal como sucede com qualquer instituto jurídico, que se coloca sempre e em um contexto mais amplo, dos interesses e valores dele contemporâneos, numa dada sociedade, o contrato, na sua visão clássica, representava, no século XIX, exatamente o instrumento de afirmação econômica do estamento social então ascendente.*

À classe burguesa que ascendia, cuja atividade de produção alterava a índole agrária da economia da Idade Média, convinha a instrumentalização jurídica ou a ideologia mesmo da liberdade contratual, a absolutização, quase que completa, da autonomia da vontade, quando revelada pela tríplice e intocável prerrogativa de escolher contratar, o que contratar e com quem contratar, de resto tanto quanto sucedia com o instituto da propriedade, longe de ser admitida como uma relação jurídica complexa, que impusesse

Esse livro era dividido originalmente em vinte e um títulos, sendo que os cinco primeiros eram os seguintes: das sucessões, das liberalidades, dos contratos e das obrigações convencionais, dos compromissos que se formam sem convenção e do contrato de matrimônio e dos regimes matrimoniais. Os outros títulos versam sobre contratos em espécie, posse e prescrição aquisitiva.

Os quase-contratos estavam no título referente aos compromissos que se formam sem convenção, ao lado dos delitos e dos quase-delitos, denotando a classificação quadripartite das fontes das obrigações, como já se explanou. Optou o legislador francês por definir os quase-contratos e depois regrar dois de seus institutos, quais sejam, a gestão de negócios e o pagamento indevido.

Dispunha o artigo 1.371 do Código Civil francês que os quase-contratos são os fatos puramente voluntários do homem, dos quais resulta um compromisso qualquer para com um terceiro, e, por vezes, um compromisso recíproco de duas partes.[117]

A norma deixava evidenciada a importância da vontade. À época, o princípio da autonomia da vontade era o mais importante de todos, pois derivado da liberdade e da igualdade formal, lemas defendidos na Revolução Francesa. Não é à toa que Colin e Capitant afirmam que:

> Tendo em conta este princípio, fundamental hoje, entendemos de imediato que o Direito das Obrigações é a parte do direito civil, onde a vontade dos indivíduos desempenha o papel mais importante porque a principal fonte da obrigação é o contrato, e são as partes que fixam elas mesmas, como quiserem, os efeitos jurídicos que produzirão acordo delas. O legislador aqui então apenas especifica genericamente os efeitos, mais ou menos distintamente percebidos pelas partes, dos acordos em que elas estão envolvidas, e, portanto, o fundamento reside na autonomia da sua vontade. Ele compreende suficientemente que ele não comanda. O único caso em que as suas disposições são imperativas é quando há lugar para ele

---

também deveres ao proprietário e criasse direitos a centros de interesses opostos, não-proprietários". (GODOY, Cláudio Luiz Bueno de. *Função social do contrato*: os novos princípios contratuais, cit., p. 4).

[117] "Art. 1.371 – *Les quasi-contrats sont les faits purement volontaires de l'homme, dont il résulte un engagement quelconque envers un tiers, et quelquefois un engagement réciproque des deux parties.*"

estabelecer barreiras à vontade das partes para evitar que o seu acordo não viole a ordem pública.[118]

Essa vontade era o fator jurígeno que fazia nascer, por si só, a obrigação do gestor de negócios para com o proprietário, a teor da redação original dos artigos 1.372 a 1.375; e do *accipiens* perante o *solvens* por conta do pagamento indevido, à vista do antigo artigo 1.376 do referido diploma legal, independentemente de convenção entre as partes, como enuncia o título de que se trata.

Em 2016 o Código Civil francês passou por enorme alteração no livro de que se trata e, especialmente no que concerne ao seu título III, recém denominado "das fontes das obrigações", passou a disciplinar o tema da seguinte forma: subtítulo primeiro para os contratos; subtítulo segundo para a responsabilidade extracontratual; e subtítulo terceiro para outras fontes das obrigações, parte na qual ficaram as figuras da gestão de negócios, do pagamento indevido e do enriquecimento sem causa.

A despeito disso, o Código Civil francês não abandonou a antiga denominação dos quase-contratos, pois isso constou exatamente do artigo 1.300, que é aquele que inaugura o referido subtítulo 3º. Nele, foi praticamente repetida a redação do artigo 1.371 de que se tratou acima.

Seguindo antiga diferenciação existente no sistema jurídico em comento, o Código Civil francês distingue o indébito objetivo do subjetivo. O artigo 1.302-1 do referido diploma legal trata conjuntamente das duas espécies. Ao dispor que aquele que recebe por erro ou cientemente que nada lhe é devido se obriga a restituir à quem lhe pagou o que foi

---

[118] "*Etant donné ce principe, aujourd'hui fondamental, on comprend aussitôt que le Droit des obligations est la partie du Droit civil où la volonté des individus joue de rôle le plus importante, car la principale source de l'obligation est le contrat, et ce sont les parties qui fixent elles-mêmes librement, comme elles le veulent, les effets juridiques que va produire leus accord. Le législeteus n'a donc ici le plus généralement qu'à préciser les effets, plus ou moins distinctement aperçus par les parties, des accords auxquels elles se livrent, et dont le fondement se trouve dans l'autonomie de leur volonté. Il interprète plutôt qu'il ne comande. Le seul cas où ses dispositions prennent um caractere impératif, c'est lorsqu'il y a lieu pour lui d'établir des barrières à la volonté des partis, pour empêcher que leur accord ne porte atteinte à l'ordre public*". (COLIN, Ambroise; CAPITANT, Henri. op. cit., p. 3).

indevidamente recebido, acaba por regrar tanto a hipótese de inexistência absoluta de dívida (indébito objetivo) quanto a hipótese de dívida desse devedor para com outro credor (indébito subjetivo).[119]

O artigo 1.302-2 do Código Civil francês, por seu turno, trata de outra hipótese de indébito subjetivo, qual seja, aquela em que o *accipiens*, de fato, é credor, mas o *solvens* não é o devedor. Estabelece o preceito normativo em tela que quem paga dívida de outra pessoa por engano ou sob coação pode requerer a restituição do credor.[120]

Esses dois artigos devem ser analisados em conjunto com o artigo 1.302 desse mesmo diploma legal, o qual estabelece que aquilo que é pago sem ser devido está sujeito à repetição.[121]

De acordo com Colin e Capitant, esse regramento obscureceu o fundamento teórico da ação de restituição, pois, ao se conformarem os autores com a classificação proposta pelo código, se esforçaram para achar uma base à obrigação do *accipiens* no ato de vontade de sua parte. Deve-se presumir que ele, ao receber um suposto pagamento entendeu por se comprometer a restituir a coisa paga. Ocorre que isso é exatamente o oposto do que se dá. Ele não recebe o pagamento para devolvê-lo, ainda mais se está de má-fé, pois pretende conservá-lo consigo.[122] A crítica é extensível a todos os sistemas jurídicos que adotaram a mesma tese, isto é, a inclusão do pagamento indevido dentre os quase-contratos.

---

[119] "Art. 1.302-1 – *Celui qui reçoit par erreur ou sciemment ce qui ne lui est pas dû s'oblige à le restituer à celui de qui il l'a indûment reçu.*"
Art. 1.302-1 – Aquele que recebe por erro ou ciente de que não lhe é devido é obrigado a restituir aquilo que indevidamente recebeu. (trad. livre)

[120] "Art. 1.302-2 – *Celui qui par erreur ou sous la contrainte a acquitté la dette d'autrui peut agir en restitution contre le créancier.*"
Art. 1.302-2 – Aquele que, por engano ou sob coação, pagou a dívida de outra pessoa pode requerer a restituição do credor.

[121] "Art. 1.302 – *Tout paiement suppose une dette: ce qui a été payé sans être dû, est sujet à répétition. La répétition n'est pas admise à l'égard des obligations naturelles qui ont été volontairement acquittées.*"
Art. 1.302 – Todo pagamento supõe uma dívida: o que é pago sem ser devido, é sujeito à repetição. A repetição não é admitida em relação às obrigações naturais que foram voluntariamente quitadas.

[122] COLIN, Ambroise; CAPITANT, Henri. op. cit., p. 399.

Em termos jurisprudenciais, aparentemente, a posição da Corte de Cassação francesa é pela exigência de prova do erro apenas no caso de indébito subjetivo.[123]

2.2.2. Espanha

Dispõe o artigo 1.089 do Código Civil que "las obligaciones nacen de la ley, de los contratos y casi contratos, y de los actos y omisiones ilícitos o en que intervenga cualquier género de culpa o negligencia."

Não consta desse diploma legal qualquer menção expressa ao enriquecimento sem causa, mormente como fonte das obrigações. Justamente por isso, aliás, é que Antonio Hernandes-Gil afirma que é possível compreender que os princípios gerais de direito também podem ser fontes autônomas de obrigações. Diz ele que *"el enriquecimiento injusto no se incluye entre las fuentes de las obligaciones por el artículo 1.089; tampoco aparece expressamente regulado como institución jurídica; y, sin embargo, es fuente de las obligaciones em su calidad de principio general del Derecho reiteradamente proclamado por la jurisprudência"*.[124]

Um dos quase-contratos previstos nesse diploma legal, logo depois da gestão de negócios alheios, é o pagamento indevido. O artigo 1.895 reza que *"cuando se recibe alguna cosa que no había derecho a cobrar, y que por error ha sido indebidamente entregada, surge la obligación de restituirla."* Como previsto em outros diplomas legais, nota-se que o pagamento indevido tem como requisitos a realização de uma prestação sem obrigação que a fundamentasse e o erro consistente em acreditar o devedor que havia essa obrigação.

---

[123] "Cour de cassation – chambre civile 3 – Audience publique du jeudi 30 mars 2017 – N° de pourvoi: 15-18217: (...) mais attendu que le bail ayant donc pris fin par l'effet de cette destruction, Brunelle B... épouse Y... n'était plus tenue au paiement des loyers, à tout le moins aussi longtemps que l'immeuble n'a pas été reconstruit après versement à la bailleresse des indemnités d'assurances devant permettre cette reconstruction, pour les locaux être remis à la disposition de la locataire ;/ attendu qu'il s'ensuit que maître Bernard Z..., ès qualités, est fondé à obtenir restitution des loyers indument versés depuis le 30 mai 2003, **sans qu'il y ait lieu de rechercher si le paiement a été fait par erreu, s'agissant d'um indu objectif, en ce que ces paiements étaient dépourvus de contrepartie»** (cf., arrêt attaqué, p. 6 et 7);" (Disponível em: <https://www.legifrance.gouv.fr/affichJuriJudi.do?oldAction=rechJuriJudi&idTexte=JURITEXT000034344058&fastReqId=2026836196&fastPos=6>. Acesso em: 29 abr. 2019 – grifo não original).

[124] HERNANDES-GIL, Antonio. op. cit., p. 216.

Neste contexto, cabe anotar que a cobrança do *accipiens* não é um dos requisitos do instituto. Isso porque a lei não menciona que deve haver cobrança que redunde em pagamento indevido, mas em pagamento de alguma coisa que não havia direito de se cobrar. Trata-se de menção a algo hipotético. Não ter o *accipiens* o direito de cobrar significa não haver obrigação que justifique o pagamento.

Os dois artigos seguintes tratam de diferentes consequências jurídicas para o caso do credor ter ou não agido de boa-fé. Em suma, caso tenha agido de má-fé, ou seja, consciente do erro do devedor em realizar a prestação, o credor deve restituir os frutos percebidos e pagar juros, sem contar que responde por todos os danos causados à coisa entregue; caso contrário, fica ele livre de ter que restituir esses acessórios.

De acordo com o artigo 1900, a prova do pagamento incumbe a quem o fez. Também sobre ele recai o ônus de comprovar que o fez por erro.

Ainda propósito do erro, o artigo do Código Civil espanhol que se destaca é o 1.901 porquanto ele estabelece que *"se presume que hubo error en el pago cuando se entregó cosa que nunca se debió o que ya estaba pagada; pero aquel a quien se pida la devolución puede probar que la entrega se hizo a título de liberalidad o por otra causa justa"*. Em outras palavras, o erro é requisito indispensável do instituto do pagamento indevido na lei civil espanhola, mas ele é passível de presunção em uma hipótese.

Comentando esse artigo da lei civil espanhola, Luis Diez-Picazo e Antonio Gullon afirmam que o erro pode ser de três ordens: a) a dívida existe, mas vincula pessoas distintas da que recebe o pagamento (indébito subjetivo); b) nunca existiu a relação jurídico-obrigacional entre o que pagou e o que recebeu o pagamento, ou se extinguiu a que existiu (indébito objetivo), ou; c) existe uma dívida entre credor e devedor, mas foi entregue uma quantidade maior do que a devida ou cois distinta da que se pactuou.[125]

Especialmente em se tratando de obrigação de dar coisa, não sendo devida a coisa ou já tendo ela sido entregue anteriormente, presume-se que houve erro do devedor. Cabe então ao credor, em clara inversão do ônus da prova, demonstrar que havia outra causa justa a fundamentar a

---

[125] DIEZ-PICAZO, Luis; GULLON, Antonio. *Sistema de derecho civil*. Madrid: Tecnos, 1976. t. 2, p. 464.

entrega da coisa, o que significa a indicação de outra fonte da obrigação, ou que a referida entrega derivou de *animus donandi*.

2.3. Sistemas do Pagamento Indevido como Ato Restitutório
2.3.1. Argentina

Em agosto de 2015, pela Lei n. 26.994, entrou em vigor o novo Código Civil e Comercial argentino, substituindo o anterior, elaborado por Dalmacio Vélez Sarsfield, que havia entrado em vigor em 1871.

Seguindo a tendência iniciada no diploma legal anterior, que tratou do pagamento indevido a partir do artigo 784[126], o novel diploma também disciplinou o pagamento indevido, mas o fez de maneira conjugada com o enriquecimento sem causa.[127]

No título cinco do livro terceiro, que trata das outras fontes das obrigações, o capítulo quatro se refere ao enriquecimento sem causa. Esse capítulo se divide em duas seções, a primeira versando sobre as disposições gerais do instituto e a segunda sobre o pagamento indevido. Pela indicação do enriquecimento sem causa como nome do capítulo referente a uma das fontes das obrigações e pela distribuição das referidas seções, é possível inferir que o legislador compreende que o pagamento indevido deriva do enriquecimento sem causa.

Dispõe o artigo 1.794 do Código Civil argentino o seguinte:

---

[126] *"Art.784.- El que por un error de hecho o de derecho, se creyere deudor, y entregase alguna cosa o cantidad en pago, tiene derecho a repetirla del que la recibió."*

[127] Sobre o antigo diploma civil argentino, importante observar que ele era alvo de críticas porque, tal como o brasileiro, não havia sido inserido em uma sistemática maior, referente à teoria geral do enriquecimento sem causa, como explica Orozimbo Nonato, com base em lição de Alfredo Colmo. No entanto, foi feita ressalva à posição defendida, à época, por Teixeira de Freitas, inspirador do Código Civil argentino hoje revogado, nos seguintes termos: *"FREITAS habia dado y ala pauta em su Esbôço. Al hablar de las obligaciones que nacen de actos ilícitos, que no son contratos, e al referirse así com toda amplitude a los cuasicontratos em el art. 3.400, sentó las siguientes normas relativas a los efectos que em tales casos cabia admitir: 1º) cada cual quice lo que es util; 2º) nadie debe enriquecerse sin justa causa em perjuicio de terceros; 3º) el que quiera el provecho de um acto, debe someterse a sus consecuencias. Acaso el cariz abstracto o técnico de esos preceptos, tan proprio del doctrinarismo de cai toda la obra del Esbôço, há obscurecido lo constructivo y lo creador del contenido de los mismos, y no há se ducido gran cosa per la adopción conveniente"* (COLMO, Alfredo – *Obligaciones* apud NONATO, Orozimbo. *Curso de obrigações*: 2ª parte, cit., v. 2, p. 89).

Caracterización

Toda persona que sin una causa lícita se enriquezca a expensas de otro, está obligada, en la medida de su beneficio, a resarcir el detrimento patrimonial del empobrecido.

Si el enriquecimiento consiste en la incorporación a su patrimonio de un bien determinado, debe restituirlo si subsiste en su poder al tiempo de la demanda.

Considerando que o artigo 1.795 do Código Civil argentino trata da subsidiariedade da ação de enriquecimento sem causa, tal como faz o artigo 886 do Código Civil brasileiro de 2002, é possível dizer que são os seguintes requisitos para configuração do instituto do enriquecimento sem causa: o enriquecimento de uma pessoa, o empobrecimento de outra, o nexo causal entre o enriquecimento de uma e o empobrecimento de outra, a ausência de uma causa lícita para essa transferência patrimonial e a ausência de outra norma prevendo o reequilíbrio econômico-financeiro das partes.

Esses requisitos são verificados também no pagamento indevido, regulado separadamente. Dispõe o art.1796 do diploma legal em comento:

Artículo 1796. Casos
El pago es repetible, si:
a) la causa de deber no existe, o no subsiste, porque no hay obligación válida; esa causa deja de existir; o es realizado en consideración a una causa futura, que no se va a producir;
b) paga quien no está obligado, o no lo está en los alcances en que paga, a menos que lo haga como tercero;
c) recibe el pago quien no es acreedor, a menos que se entregue como liberalidad;
d) la causa del pago es ilícita o inmoral;
e) el pago es obtenido por medios ilícitos.

O que chama a atenção no rol do artigo acima é que, ao revés do que estabelecia o diploma legal anterior, não é exigido o erro como requisito do pagamento indevido. O artigo 1.797 do Código Civil argentino é expresso no sentido de que é irrelevante o erro para que se exija a repetição do indevido. O artigo 784 do Código Civil de 1871 rezava exatamente o contrário, pois iniciava a sua redação exigindo a presença de erro de fato ou de direito no pagamento para que ele fosse considerado indevido.[128]

Não há qualquer explicação acerca dessa opção legislativa na exposição de motivos do referido diploma legal, mas há de se compreender que houve compreensão da parte do legislador de que era melhor ampliar o campo do pagamento indevido, dispensando o erro, tornando-o objetivo, e diminuindo, de outro lado, o campo do enriquecimento sem causa.

2.3.2. Quebec

O Código Civil de Quebec, que entrou em vigor em 1991, dispõe em seu artigo 1.372 que são fontes das obrigações os contratos ou todos aqueles atos em relação aos quais são atribuídos por lei os efeitos de uma obrigação.[129]

Seguindo a ordem disposta no próprio diploma legal em tela, é possível compreender que a responsabilidade civil e a vedação ao enriquecimento sem causa são fontes das obrigações. Isso porque, após tratar dos contratos em geral entre os artigos 1.377 a 1.456, ele regula a responsabilidade civil entre os artigos 1.457 a 1.481 e, genericamente, a partir do artigo 1.482, trata, em ordem, da gestão de negócios, do pagamento indevido e do enriquecimento sem causa.

Por haver tratamento específico do pagamento indevido na lei, entendeu-se por incluir este diploma legal dentre aqueles que regulam o tema especificamente, malgrado haja também regramento do enriquecimento sem causa como fonte mais genérica e abrangente logo em seguida. É o mesmo que ocorre com o Código Civil brasileiro de 2002.

O artigo 1.491 do Código Civil de Quebec dispõe que o pagamento feito por erro ou simplesmente para evitar danos àquele protesta por

---

[128] *"Art. 784.- El que por un error de hecho o de derecho, se creyere deudor, y entregase alguna cosa o cantidad en pago, tiene derecho a repetirla del que la recibió."*

[129] *"Art. 1.372 – L'obligation naît du contrat et de tout acte ou fait auquel la loi attache d'autorité les effets d'une obligation.*
Elle peut être pure et simple ou assortie de modalités."
Art. 1.372 – A obrigação nasce do contrato e de todo ato ou fato ao qual a lei vincule a autoridade dos efeitos de uma obrigação.
Ela pode ser pura e simples ou sujeita a condições. (trad. livre)

não dever nada, obriga aquele que recebeu o pagamento à restituição.[130] O artigo 1.492 desse mesmo diploma legal, por sua vez, dispõe que se aplicam ao pagamento indevido as regras relativas à restituição.

No que se refere à questão da ausência de obrigação, mais precisamente sobre a possibilidade disso decorrer de declaração de nulidade ou invalidação contratual posterior ao pagamento, importa observar o caso *Banque Amex du Canada c. Adams*, 2014 CSC 56. Ele foi julgado pela Corte Suprema do Canadá em 19 de setembro de 2014 e nele se discutiu sobre a validade da cobrança de tarifas que não tinham sido informadas aos consumidores nos contratos bancários, de forma muito semelhante à discussão que levou o Superior Tribunal de Justiça brasileiro a sumular o enunciado n. 565.[131]

Segundo se compreende da leitura do julgamento, houve cobrança de valores referentes a tarifas que não tinham sido informadas aos contratantes. Em razão disso, foram consideradas inválidas as cobranças e

---

[130] "Art. 1491 – Le paiement fait par erreur, ou simplement pour éviter un préjudice à celui qui le fait en protestant qu'il ne doit rien, oblige celui qui l'a reçu à le restituer.
Toutefois, il n'y a pas lieu à la restitution lorsque, par suite du paiement, celui qui a reçu de bonne foi a désormais une créance prescrite, a détruit son titre ou s'est privé d'une sûreté, sauf le recours de celui qui a payé contre le véritable débiteur."
Art. 1.491 – O pagamento feito por erro, ou simplesmente para evitar um prejuízo àquele que o faz protestando que não deve nada, obriga quele que o recebe a restituir.
De qualquer forma, não há lugar à restituição quando, devido ao pagamento, aquele que o recebeu de boa-fé tem agora uma obrigação de dívida prescrita, destruiu seu título ou foi privado de uma garantia, a não ser o direito de regresso contra o verdadeiro devedor.

[131] "*Protection du consommateur — Contrats de crédit — Contrats de crédit variable — Cartes de crédit et cartes de paiement — Obligation d'indiquer les frais applicables dans un contrat — Réparation appropriée en cas de manquement à cette obligation — Frais de conversion sur les opérations en devises étrangères imposés par des institutions financières aux titulaires de cartes — Recours collectifs — Amex a-t-elle omis d'indiquer les frais de conversion aux titulaires de cartes? — Le remboursement des frais de conversion perçus des membres du groupe qui sont des consommateurs doit-il être ordonné? — Loi sur la protection du consommateur, RLRQ, ch. P-40.1, art. 12, 272.*
Réception de l'indu — Contrats de crédit — Cartes de crédit et cartes de paiement — Paiement fait par erreur — Recours collectifs — Les conventions régissant l'utilisation des cartes prévoyaient-elles l'obligation de payer des frais de conversion? — Amex doit-elle restituer aux membres du groupe qui ne sont pas des consommateurs les frais de conversion payés? — La restitution aurait-elle pour effet d'accorder un avantage indu aux adhérents? — Code civil du Québec, 1491, 1492, 1554, 1699. (...)"
(BANQUE Amex du Canada c. Adams, [2014] 2 RCS 787, 2014 CSC 56 (CanLII). Disponível em: <http://canlii.ca/t/g91dp>. Acesso em: 14 mar. 2017).

determinada a restituição dos valores pagos indevidamente. Dois pontos deste caso merecem destaque: o primeiro, é que o tribunal restringiu a restituição aos consumidores, pois utilizou a lei de proteção ao consumidor como fonte normativa; e, a segunda é que foi afastada a aplicação da regra final do artigo 1.699 do Código Civil de Quebec, a qual permite que o juiz rejeite a restituição se isso representar vantagem injusta para uma das partes, dando a entender que os consumidores não seriam injustamente beneficiados com a restituição.[132]

2.3.3. Itália

Seguindo a tendência iniciada com o Código Civil francês, o Código Civil italiano de 1865 não trazia qualquer preceito normativo versando sobre a vedação ao enriquecimento sem causa. Apesar disso, era princípio reconhecido pela doutrina e pela jurisprudência, em conformidade com a tradição do direito romano.[133]

Nesse diploma havia previsão dos quase-contratos como fontes das obrigações entre os artigos 1.140 e 1.150. Os quase-contratos eram definidos no artigo 1.140 como sendo *"um fatto volontario e lecito, dal quale resulta um'ubbligazione verso um terzo o un'obbligazione reciproca tra le parti"*. A

---

[132] "(...) La *L.p.c.* ne s'applique pas aux membres du groupe qui ne sont pas des consommateurs. Dans leur cas, Amex est plutôt tenue à la restitution des frais de conversion en application du *Code civil du Québec*. Les dispositions relatives à la réception de l'indu permettent à quiconque de recouvrer un paiement effectué en trop en imposant à la partie qui l'a reçu indûment l'obligation de le restituer. En l'espèce, la preuve établissait clairement que, de 1993 à 2003, les conventions régissant l'utilisation des cartes ne faisaient aucune mention des frais de conversion parce qu'on ne peut prétendre que de tels frais étaient inclus dans le «taux de change déterminé par Amex». Ainsi, aucune obligation de payer ces frais n'incombait aux titulaires. Tous les paiements des frais de conversion faits par les titulaires de cartes l'ont donc été par erreur et, en conséquence, Amex doit restituer aux membres du groupe qui ne sont pas des consommateurs les frais de conversion qu'ils ont payés. Le pouvoir de ne pas ordonner la restitution que confère le deuxième paragraphe de l'art. 1699 du *Code civil* dans le cas où celle ci aurait pour effet d'accorder à l'une des parties un avantage indu est un pouvoir tout à fait exceptionnel qui doit être exercé avec circonspection. En l'espèce, rien ne permet de croire que le juge du procès a eu tort de décliner d'exercer le pouvoir discrétionnaire qui l'habilite à refuser d'ordonner la restitution." BANQUE Amex du Canada c. Adams, [2014] 2 RCS 787, 2014 CSC 56 (CanLII), cit.

[133] BIANCA, C. Massimo. *Diritto civile*: la responsabilità, cit., p. 811; NANNI, Giovanni Ettore. *Enriquecimento sem causa*, cit., p. 61.

gestão de negócios era regulada entre os artigos 1.141 e 1.144 e depois disso, entre os artigos 1.145 e 1.150, estava disciplinado o pagamento indevido.

De acordo com os artigos 1.145 e 1.146, 1ª parte, desse diploma legal, aquele que recebe o que não lhe é devido, cientemente ou por erro, tem a obrigação de restituir o que lhe foi dado.[134]

Tendo o *accipiens* recebido o pagamento de boa-fé, se ficasse privado do título representativo da obrigação ou perdesse a garantia dela, o *solvens* deixava de ter direito à repetição do indébito.[135] Ainda, estando o *accipiens* de boa-fé, caso tivesse vendido a coisa recebido a terceira pessoa, não tinha a obrigação de repassar o valor recebido ao *solvens*.[136]

Ao revés, estando o *accipiens* de má-fé, não só tinha que restituir ao *solvens* o que recebera, *in natura*, como também, a contar do dia do pagamento, os juros e os frutos em geral.[137] Não sendo mais possível

---

[134] "Art. 1.145. Chi per errore o scientemente recebe ciò che non gli è devuto, è obbligato a restituirlo a colui dal qual elo há indebitamente ricevuto".
Art. 1.145. Quem por erro ou cientemente recebe o que não é devido, é obrigado a devolvê-lo para a pessoa de quem o indevidamente recebeu.
Art. 1.146. Chi per errore si credeva debitore, quando abbia pagato il debito, ha il diritto dela ripetizione contro il creditore. (...)"
Quem por erro acreditava ser devedor, quando havia pago a dívida, tem a repetição à repetição contra o credor. (trad. livre)

[135] "Art. 1.146 – (..)
Cessa però tale dititto, se il creditore in conseguenza del pagamento si è privato in buona fede del titolo e delle cautele relative al credito; nel qual caso è salvo a colui che há pagato, il regresso contro il vero debitore."
Art. 1.146 – (...)
Mas cessa tal direito, se o credor, em consequência do pagamento é privado de boa fé do título e das garantias relacionadas ao crédito; nesse caso é assegurado àquele que pagou o direito de regresso contra o verdadeiro devedor. (trad. livre)

[136] "Art. 1.149 – Chi ha venduto la cosa ricevuta in buona fede, non è tenuto che a restituirei l prezo ricavato dalla vendita od a cedere l'azione per conseguirlo".
Art. 1.149 – Quem vendeu a coisa recebida de boa-fé, não tem que restituir o preço recebido pela venda ou ter que cedê-lo por conta do ajuizamento de ação ajuizada com vistas a obtê-lo. (trad. livre)

[137] "Art. 1.147 – Quegli che há ricevuto il pagamento, se era in mala fede, è tenuto a restituire tanto il capitale, quanto gli interessi o i frutti dal giorno del pagamento".
Art. 1.147 – Aquele que recebeu o pagamento, se estava de má fé, deve restituir tanto a valor, quanto os juros e os frutos a partir do dia do pagamento. (trad. livre)

a devolução *in natura*, seja porque a coisa pereceu, seja porque restou deteriorada, tinha que fazê-lo no valor correspondente.[138]

A situação começou a mudar no final do século XIX, particularmente após duas sentenças das Cortes de Cassação de Torino e Florença que, nos últimos anos desse período, configuraram uma ação geral de enriquecimento sem causa, ou, melhor ainda, a ação *de in rem verso* como se preferia então, o que talvez se deva a uma mudança de posição da Suprema Corte Francesa, ocorrida poucos anos antes.

Com essa distinção entre a ação de enriquecimento e a de gestão, a jurisprudência passou a aceitar a teoria objetiva da segunda, na qual não se exige a intenção do gestor de gerir negócio alheio. A discussão seguiu na doutrina, mas logo a maior parte dos autores passou a aceitar o que a jurisprudência tinha concluído.

Em 1932 o legislador passou a acatar também esta posição ao incluir no artigo 73 do projeto Italo-Francês de Código de Obrigações, o que se verificou logo em seguida no Código Civil italiano de 1942.[139] Esse diploma legal abandonou a classificação dos quase-contratos e se contentou em utilizar fórmula bem genérica das fontes das obrigações em seu artigo 1.173, assim redigido:

> Art. 1173 Fonti delle obbligazioni
> Le obbligazioni derivano da contratto (Cod. Civ. 1321 e seguenti), da fatto illecito (Cod. Civ. 2043 e seguenti), o da ogni altro atto o fatto idoneo

---

[138] "Art. 1.148 – Quegli che indebitamente ha ricevuta una cosa, deve restituirla in natura, se sussiste: qualora la cosa più non sussista o sia deteriorata, quegli che l'há ricevuta in mala fede, deve restituirne il valore, ancorchè la cosa sai perita ovvero sai deteriorata per solo caso fortuito; ed avendola ricevuta in buena fede, non è tenuto ala restituzione che sino ala concorrenza di ciò che è stato rivolto in suo profitto".
Art. 1.148 – Aquele que indevidamente recebeu uma coisa, deve restitui-la *in natura*, se subsiste; caso a coisa não subsista ou tenha se deteriorado, aquele que a recebeu de má-fé, deve restituir o valor, ainda que a coisa seja perdida ou tenha sido deteriorada por caso fortuito; e a havendo recebido de boa-fé, não é devida a restituição enquanto não for recompensado pelo que obteve de vantagem. (trad. livre)

[139] GALLO, Paolo. *Il Codice Civile commentario*: arricchimento senza causa. Artt. 2041-2042, cit., p. 28-29.

a produrle (Cod. Civ. 433 e seguenti, 651, 2028 e seguenti, 2033 e seguenti, 2041 e seguenti) in conformità dell'ordinamento giuridico."[140]

Dentro de seu livro IV, que trata das obrigações e dos contratos, o Código Civil italiano de 1942 regulou o pagamento indevido em títulos específicos. No título VII, dos artigos 2.033 a 2.040, ele tratou apenas do pagamento indevido, e no título VIII, dos artigos 2.041 e 2.042, regulou o enriquecimento sem causa de forma bem genérica.

Por ter sido disciplinado o instituto do pagamento indevido em título autônomo e por haver indicação específica para o pagamento indevido e para o enriquecimento sem causa no supracitado artigo 1.173 do diploma legal em tela, parece inegável que o pagamento indevido adquiriu *status* de fonte autônoma das obrigações, merecendo então estudo individualizado.

O Código Civil italiano de 1942 adotou critério eclético no que diz respeito ao pagamento indevido, pois tratou do indébito subjetivo no artigo 2.033, exigindo a presença do erro (*indebitum ex re*), e no artigo 2.036 tratou do indébito objetivo, dispensando esse requisito, sendo suficiente para a sua configuração a falta de causa para justifica-lo (*indebitum ex persona*).[141]

Dispõe o artigo 2.033 desse diploma legal o seguinte:

Art. 2033 *Indebito oggettivo*
Chi ha eseguito un pagamento non dovuto ha diritto di ripetere ciò che ha pagato. Ha inoltre diritto ai frutti (820 e seguenti) e agli interessi (1284) dal giorno del pagamento, se chi lo ha ricevuto era in mala fede, oppure,

---

[140] Art.1.173 Fontes das obrigações
A obrigação deriva de contrato (Cod.Civ. 1321 e seguintes), de fato ilícito (Cod. Civ. 2043 e seguintes), ou de outro ato ou fato idôneo a produzi-la (Cod. Civ. 433 e seguintes, 651, 2028 e seguintes, 2033 e seguintes, 2041 e seguintes), em conformidade com o ordenamento jurídico. (trad. livre)

[141] LOPES, Miguel Maria de Serpa. *Curso de direito civil*: fontes acontratuais das obrigações: responsabilidade civil, cit., v. 5, p. 105; MALUF, Carlos Alberto Dabus. Pagamento indevido e enriquecimento sem causa. *Revista da Faculdade de Direito da Universidade de São Paulo*, São Paulo, v. 93, p. 117, jan./dez. 1998.

se questi era in buona fede (1147), dal giorno della domanda (Cod. Proc. Civ. 163).[142]

Para a configuração dessa espécie de indébito, são exigidos apenas dois requisitos, quais sejam, o pagamento e a ausência de causa para justifica-lo.

Massimo Bianca sustenta que há divergência acerca dos limites do indébito objetivo, pois há uma corrente mais restritiva, que se manifesta no sentido de que ele somente aceita a prestação de dar, caso em que as outras espécies de obrigação forçam a aplicação da cláusula geral de enriquecimento sem causa para a restituição devida; e outra, mais ampla, que prevalece na jurisprudência, no sentido de que qualquer espécie de obrigação pode ser incluída nesse indébito.[143]

Sobre a ausência causa, o referido autor diz, inicialmente, que ela pode ser original ou suceder a prestação. Depois, ele diz que são várias as hipóteses de ausência de causa, quais sejam: inexistência da fonte do débito; extinção da obrigação antes do pagamento indébito, por exemplo, por pagamento feito pelo representante do devedor; falta de legitimidade do destinatário da prestação, e; nulidade, anulação ou resolução do negócio jurídico.[144]

O indébito subjetivo é regulado pelo artigo 2.036 do Código Civil italiano de 1942 do seguinte modo:

> Art. 2036 Indebito soggettivo
> Chi ha pagato un debito altrui, credendosi debitore in base a un errore scusabile, può ripetere ciò che ha pagato, sempre che il creditore non si sia privato in buona fede (1147) del titolo o delle garanzie del credito.
> Chi ha ricevuto l'indebito è anche tenuto a restituire i frutti (820 e seguenti) e gli interessi (1284) dal giorno del pagamento, se era in mala fede, o dal giorno della domanda (Cod. Proc. Civ. 163), se era in buona fede (1147).

---

[142] Art. 2033 Indébito objetivo
Aquele que fez um pagamento não devido tem direito de repetir o que pagou. Há também direito aos frutos (820 e seguintes) e aos lucros (1284) do dia do pagamento, se quem o recebeu estava de má-fé, ou, se estava de boa-fé (1147), do dia da demanda (Cof. Proc. Cível. 163) (trad. livre)

[143] BIANCA, C. Massimo. op. cit., p. 793.

[144] Id. Ibid., p. 795.

Quando la ripetizione non è ammessa, colui che ha pagato subentra nei diritti del creditore (1203 e seguenti).[145]

Da simples leitura desse artigo é possível extrair, como havia sido salientado outrora, que se faz necessária a presença do erro para a configuração do indébito. Mas não é só isso que o artigo supracitado diz. Ele exige que o erro seja escusável.

Comentando esse requisito, Massimo Bianca diz que se trata de ônus imposto ao *solvens* de ordinária diligência em relação à sua posição de devedor. O fracasso em se desincumbir desse ônus se torna relevante na comparação normativa dos dois interesses, ambos merecedores de tutela: o do *solvens* em relação à restituição da prestação não devida, e a do *accipiens* em conservar a prestação recebida. Nessa comparação, prevalece a posição do *accipiens*, a despeito de seu reconhecimento e de sua eventual reserva.[146]

De acordo com os artigos 2.034 e 2.035 do Código Civil italiano de 1942, não há direito à repetição do indébito se há pagamento indevido de obrigação natural, salvo se ele tiver sido feito por incapaz, nem se o objetivo visado com o pagamento ofende os bons costumes.[147] Essas são as causas impeditivas legais no diploma legal italiano.

---

[145] Art. 2036. Indébito subjetivo
Quem pagou um débito a outrem, crendo-se devedor com base em um erro escusável, pode repetir o que pagou, sempre que o credor não privou-se, de boa-fé (1147), do título ou da garantia do crédito.
Quem recebeu o indébito também deve restituir os frutos (820 e seguintes) e os lucros (1284) do dia do pagamento, se estava de má-fé, ou do dia da demanda (Cod. Proc. Cív. 163), se estava de boa-fé (1147)
Quanto a repetição não é admitida, aquele que pagou sub-roga-se no direito do credor (1203 e seguintes) (trad. livre)
[146] BIANCA, C. Massimo. op. cit., p. 805.
[147] "*Art. 2034 – Obbligazioni naturali*
Non è ammessa la ripetizione di quanto e stato spontaneamente prestato in esecuzione di doveri morali o sociali, salvo che la prestazione sia stata eseguita da un incapace.
I doveri indicati dal comma precedente, e ogni altro per cui la legge non accorda azione ma esclude la ripetizione di ciò che e stato spontaneamente pagato, non producono altri effetti (627-2, 1933, 2331, 2940)."
Art. 2034 – Obrigação natural

Tratando-se de obrigação de dar coisa, o que envolve a transferência de direito real ou de posse por parte do *solvens* ao *accipiens*, os artigos 2.037 e 2.038 do Código Civil italiano de 1942 estipulam consequências diferentes para o caso do *accipiens* estar ou não de boa-fé.[148]

Não é admitida a repetição do quanto foi espontaneamente prestado em execução de dever moral ou social, salvo se a prestação é executada por um incapaz.
O dever indicado no parágrafo precedente, e todo outro para qual a lei não concede ação, mas exclui a repetição disso que é espontaneamente pago, não produz outros efeitos (627-2, 1933, 2331, 2940). (trad. livre)
"Art. 2035 – *Prestazione contraria al buon costume*
Chi ha eseguito una prestazione per uno scopo che, anche da parte sua, costituisca offesa al buon costume non può ripetere quanto ha pagato."
Art. 2035 – Prestação contrária ao bom costume
Aquele que recebeu uma prestação com um escopo que, também de sua parte, constituía ofensa ao bom costume não pode repetir o quanto pagou. (trad. livre)

[148] "Art. 2037 – *Restituzione di cosa determinata*
Chi ha ricevuto indebitamente una cosa determinata è tenuto a restituirla.
Se la cosa è perita, anche per caso fortuito (1218, 1256), chi l'ha ricevuta in mala fede è tenuto a corrisponderne il valore; se la cosa e soltanto deteriorata, colui che l'ha data può chiedere l'equivalente, oppure la restituzione e un'indennità per la diminuzione di valore.
Chi ha ricevuto la cosa in buona fede (1147) non risponde del perimento o del deterioramento di essa, ancorché dipenda da fatto proprio, se non nei limiti del suo arricchimento."
Art. 2037 – Restituição de coisa determinada
Quem recebeu indevidamente uma coisa determinada tem obrigação de restitui-la.
Se a coisa é perdida, ainda que por caso fortuito (1218, 1256), quem a recebeu de má-fé tem a obrigação correspondente ao valor; se a coisa é apenas deteriorada, aquele que a deu pode pedir o equivalente, ou a restituição e uma indenização pela diminuição do valor. (trad. livre)
"Art. 2038 – *Alienazione della cosa ricevuta indebitamente*
Chi, avendo ricevuto la cosa in buona fede (1147), l'ha alienata prima di conoscere l'obbligo di restituirla e tenuto a restituire il corrispettivo conseguito. Se questo è ancora dovuto, colui che ha pagato l'indebito subentra nel diritto dell'alienante (1203 e seguenti). Nel caso di alienazione a titolo gratuito, il terzo acquirente è obbligato, nei limiti del suo arricchimento, verso colui che ha pagato l'indebito.
Chi ha alienato la cosa ricevuta in mala fede, o dopo aver conosciuto l'obbligo di restituirla, è obbligato a restituirla in natura o a corrisponderne il valore. Colui che ha pagato l'indebito può però esigere il corrispettivo dell'alienazione e può anche agire direttamente per conseguirlo. Se l'alienazione è stata fatta a titolo gratuito, l'acquirente, qualora l'alienante sia stato inutilmente escusso e obbligato, nei limiti dell'arricchimento, verso colui che ha pagato l'indebito."
Art. 2038 – Alienação da coisa recebida indevidamente
Quem, havendo recebido a coisa de boa-fé (1147), a aliena antes de tomar conhecimento da obrigação de restitui-la, tem a obrigação de restituir aquilo que recebeu. Se ainda há valor devido, aquele que pagou o indébito sub-roga-se no direito do alienante (1203 e seguintes).

Estando o *accipiens* de má-fé deve efetuar a restituição *in natura*, ou, caso tenha havido perecimento, mesmo que por caso fortuito, deve efetuar o pagamento do valor equivalente. Tendo havido deterioração da coisa, ele pode ser obrigado a restitui-la no estado, com indenização correspondente ao dano, ou simplesmente obrigado a indenizar o *solvens* pelo equivalente. A lei não diz de quem é a escolha, mas dá a entender que se trata de direito do *solvens*.

De outro lado, estando o *accipiens* de boa-fé, não responde pelo perecimento ou pela deterioração da coisa, a não ser que isso decorra de fato próprio, isto é, que isso seja imputável a ele.

Caso o *accipiens* tenha efetuado a transferência da coisa recebida do *solvens* a terceira pessoa, se agiu de boa-fé deve apenas dar o que recebeu a título de pagamento a ele, sub-rogando-se no direito do *accipiens* em relação ao terceiro; mas se agiu de má-fé ou fez a transferência da coisa à terceira pessoa depois de saber que teria que efetuar a restituição dela, é obrigado a restituir a coisa *in natura* ou o valor correspondente a ela. O *solvens*, ainda, pode se voltar diretamente contra o terceiro que negociou com o *accipiens*, e, em caso de negócio a título gratuito, exigir desse terceiro o valor correspondente ao enriquecimento que teve.

2.3.4. Suíça

O Código de Obrigações suíço, correspondente ao quinto livro do Código Civil daquele país, remonta ao ano de 1911. Em sua primeira parte, ele é dividido em três capítulos, sendo que o primeiro trata das obrigações resultantes de contratos, o segundo das obrigações resultantes de atos ilícitos e o terceiro das obrigações resultantes do enriquecimento sem causa. São apenas seis artigos tratando do enriquecimento sem causa, embora mereçam atenção mesmo os dois primeiros. O tratamento é

No caso de alienação a título gratuito, o terceiro adquirente é obrigação, no limite do seu enriquecimento, em relação àquele que pagou o indébito.

Quem alienou a coisa de má-fé, ou depois de ter tomado conhecimento da obrigação de restitui-la, é obrigado a restitui-la *in natura* ou o correspondente em valor. Aquele que pagou o indébito pode, contudo, exigir o correspondente à alienação e pode ainda agir diretamente para consegui-lo. Se a alienação foi feita a título gratuito, o adquirente, se foi inútil a busca do pagamento perante o alienante, no limite do enriquecimento, pode ter que pagar o indébito.

semelhante ao do BGB, especialmente quando se observa a menção à causa jurídica no artigo 62, 2ª alínea.

O artigo 62, referido acima, é o primeiro dessa sequência e é ele que define o enriquecimento sem causa e a sua consequência mediata, que é a restituição. Dele se infere que há enriquecimento sem causa sempre que uma pessoa enriquece às custas de outra sem causa legítima; e são ilegítimas, em particular, as seguintes hipóteses: se não há causa válida, se a causa não se realiza ou se a causa deixa de existir.[149]

O fato de ter sido utilizada a expressão "em particular" para tratar das três hipóteses acima dá a ideia de que elas são meramente exemplificativas, o que é reforçado pela genérica menção à causa inválida como uma das hipóteses de ausência de causa legítima. Afinal, inválido é tudo aquilo que está em contrariedade com o sistema jurídico. Justamente por isso é que parece ter Virgile Rossel se manifestado no sentido de que se não há uma causa justa, fundada em contrato, em uma liberalidade ou em outra causa prevista em lei, há a possibilidade de ser requerida a restituição.[150]

Clovis Bevilaqua analisa as hipóteses do artigo 62: restituição por recebimento sem causa, por causa que não se realizou e por causa que terminou.[151]

Na primeira causa, ele diz que entraram situações não só do direito das obrigações, mas também do direito das coisas, como a venda de coisa alheia em que o vendedor embolsa o preço. Acerca disso, ele salienta que isso se resolve melhor pelos preceitos normativos penais e civis relativos à venda *a non domino*, o que obriga aquele que recebeu a coisa a devolver

---

[149] "Art. 62 – 1 Celui qui, sans cause légitime, s'est enrichi aux dépens d'autrui, est tenu à restitution. 2 La restitution est due, en particulier, de ce qui a été reçu sans cause valable, en vertu d'une cause qui ne s'est pas réalisée, ou d'une cause qui a cessé d'exister."
Art. 62 – 1 Aquele que, sem causa legítima, se enriquece à custa de outrem, deve restitui-lo. 2 A restituição é devida, em particular, daquilo que é recebido sem causa válida, em virtude de uma causa que não se realizou, ou de uma causa que deixou de existir. (trad. livre)

[150] "Les mots 'sans causa légitime' s'entendent de l'absence d'une cause ayant sa source dans la loi ou le contrat, de l'absence d'une cause juste (cfr. cepdendant art.63, alin.2 et 66). Toutes les fois qu'on s'est enrichi au detriment d'un tiers, sans y avoir droit, sans pouvoir pretender que cet enrichissement provident d'une obligation execute, d'une libéralité fait, etc., on peut étre actionée en restitution." (ROSSEL, Virgile. *Manuel du droit civil suisse*. Lausanne: Librairie Payot & Cie., 1910. p. 100).

[151] BEVILAQUA, Clovis. op. cit., p. 118.

ao verdadeiro dono e do vendedor que ficou com o preço a devolver-lhe ao comprador. Considerando o caráter subsidiário do enriquecimento.

Na segunda causa o autor menciona as doações *propter nuptias* e outros contratos com fim declarado que acaba não se realizando. Nesses casos, ele entende que a solução mais adequada é a ineficácia do negócio por conta da condição resolutiva tácita ou expressa.

No que diz respeito à terceira causa, deixando de lado as situações em que o negócio é desfeito por conta da supracitada condição resolutiva, o autor sustenta que a principal causa é a rescisão do contrato. *"Restitue-se, porque desapareceu a obrigação que mandava entregar".*

O artigo 63 do Código de Obrigações suíço trata do pagamento indevido. Sua inserção no capítulo referente às obrigações derivadas do enriquecimento sem causa e após o dispositivo legal indicado como regra geral denota que o legislador compreendeu o pagamento indevido como espécie daquele gênero.[152]

Reza o referido artigo que aquele que paga voluntariamente o indevido não pode repetir o que pagou se não prova que pagou crendo, por erro, que devia o que foi pago.[153] Como salienta Virgile Rossel, não basta um pagamento indevido, mas que ele tenha sido feito voluntariamente, sem reservas, e por erro, de direito ou de fato, independentemente de ser ou não escusável.[154]

---

[152] É essa também a posição de Virgile Rossel, que se manifesta no seguinte sentido: *"La répétition de l'indû, la condiction indebiti, n'est que l'une des diverses formes de l'action réglée en termes géneraus par l'art. 62, alin.1".* (ROSSEL, Virgile. op. cit., p. 102).

[153] *"Art. 63 – 1 Celui qui a payé volontairement ce qu'il ne devait pas ne peut le répéter s'il ne prouve qu'il a payé en croyant, par erreur, qu'il devait ce qu'il a payé.*

2 Ce qui a été payé pour acquitter une dette prescrite ou pour accomplir un devoir moral ne peut être répété.

3 Sont réservées les dispositions de la loi fédérale du 11 avril 1889 sur la poursuite pour dettes et la faillite relatives à la répétition de l'indu."

Art. 63 – 1 Aquele que pagou voluntariamente aquilo que não é devido não pode repetir se não provar que fez o pagamento crendo, por erro, que ele devia ser feito.

2 Aquele que pagou para quitar uma dívida prescrita ou para cumprir um dever moral não pode repetir.

3 São reservadas as disposições da lei federal de 11 de abril de 1889 sobre a persecução por dívidas e a falência para a recuperação de pagamentos indevidos. (trad. livre)

[154] ROSSEL, Virgile. op. cit., p. 102.

Considerando que a obrigação de restituir está ligada à conservação da prestação recebida sem causa por parte do suposto credor, que é quem enriqueceu indevidamente, os dois artigos que se seguem tratam da extensão da restituição e das circunstâncias que a limitam ou a excluem.

Em ambos os casos, seja do pagamento indevido, que é a espécie, seja do enriquecimento sem causa, que é o gênero, a restituição deve ser feita, a rigor, de modo específico (enriquecimento real), e apenas na impossibilidade da tutela específica é que se concebe a restituição em dinheiro (enriquecimento patrimonial). Quem está de boa-fé restitui tudo o que tem consigo, inclusive eventuais frutos percebidos, mas, de outro lado, tem direito à indenização pelas benfeitorias necessárias e úteis, bem como ao levantamento das voluptuárias. Ao revés, estando de má-fé, perde o direito de indenização pelas benfeitorias úteis.

O artigo 64 do Código de Obrigações suíço repete regra encontrável em diversos sistemas jurídicos, compreensível por sua origem romana, que é o descabimento da restituição se o pagamento foi feito visando fins ilícitos ou contrários aos bons costumes.

Ao final, há o artigo 67 do diploma suíço, o qual estabelece o prazo prescricional de 1 ano a contar do conhecimento da pessoa acerca do seu direito de repetir o indébito. Conforme explica Virgile Rossel, trata-se de ônus do réu comprovar que o autor sabia do pagamento indevido e do seu direito a repetir o indébito há mais de um ano.[155] O prazo máximo de prescrição é de 10 anos, a contar do nascimento do direito, de tal sorte que, mesmo que a pessoa que efetuou o pagamento não o repute indevido, ultrapassado esse prazo, ela não tem mais direito à repetição.

---

[155] ROSSEL, Virgile. op. cit., p. 106.

Capítulo 3
Os Pressupostos do Pagamento Indevido e suas Espécies

A análise realizada no capítulo anterior permitiu mostrar que os sistemas jurídicos variam na resolução da questão envolvendo o pagamento indevido. São, basicamente, três as maneiras escolhidas para lidar com essa questão: na primeira, não há disciplina normativa do pagamento indevido, sendo que ele se insere diretamente no contexto maior do enriquecimento sem causa; na segunda, há disciplina do pagamento indevido no sistema, mas ele é tratado como quase-contrato; e na terceira, que é a escolhida pelo legislador brasileiro, o pagamento indevido é tratado como fonte autônoma de obrigações, ao lado do enriquecimento sem causa, numa relação de espécie e gênero, dentre os atos restitutórios.

Tratar dos requisitos do pagamento indevido é observar essas diversas maneiras de regrar o instituto, com vistas a extrair os pressupostos de sua configuração. É claro que existem variações que não passam despercebidas ao primeiro olhar do intérprete, como é o caso da exigência do erro. Por exemplo, no sistema brasileiro o erro é requisito do pagamento indevido, de tal sorte que, sem ele, eventual restituição deve ser feita com base no enriquecimento sem causa; de outro lado, no sistema argentino, não se exige o erro para a configuração do pagamento indevido, de tal modo que é alargada a hipótese de incidência fática em comparação com o panorama brasileiro.

Consideradas essas distinções legislativas, analisar-se-á o instituto de acordo com a sua configuração mais detalhada, que, coincidentemente, corresponde à adotada no Código Civil brasileiro de 2002, que contém os seguintes requisitos: 1) a ausência de obrigação (ou de causa jurídica); 2) a prestação realizada a título de pagamento; 3) voluntariedade; 4) enriquecimento do suposto credor, e; 5) o erro.

Vistos esses pressupostos, serão elencadas as quatro espécies de pagamento indevido.

3.1. Os Pressupostos do Pagamento Indevido
3.1.1. Ausência de Obrigação (causa)
3.1.1.1. A Noção de Causa

Consoante lição de Marty e Raynaud há duas causas distintas: a eficiente e a final. Nas ciências físicas, a noção de causa tem uma necessidade lógica: ela explica a gênese de um fenômeno ou o fato que condiciona a sua realização. Essa é a causa eficiente. Em matéria jurídica, essa noção de causa também existe. Na obrigação contratual, por exemplo, é o contrato que o serve de causa.

No entanto, segundo esses autores, não parece ser essa noção de causa que aparece na redação original dos artigos 1.108 e 1.131 do Código Civil francês, já que eles a consideram como elemento de validade do contrato.[156] A causa, portanto, precisa ser buscada mais longe. Dizer que a obrigação contratual nasce de um contrato, é dizer que ela resulta da vontade, e essa vontade foi determinada pelo desejo de atender a um objetivo. Ele explica porque a vontade foi manifestada e se é realizável; se a vontade que acreditava que poderia realizá-lo não foi vítima de um

---

[156] Art.1.108 – *"Quatre conditions sont essentielles pour la validité d'une convention: le consentement de la partie qui s'oblige; sa capacité de contracter; un objet certain qui forme la matière de l'engagement; une cause licite dans l'obligation."*
Art. 1.108 – Quatro condições são essenciais para a validade de uma convenção: o consentimento da parte que se obriga; sua capacidade de contratar; um objeto certo que forma a matéria do compromisso; uma causa lícita na obrigação. (trad. livre)
Art. 1.131 – *"L'obligation sans cause, ou sur une fausse cause, ou sur une cause illicite, ne peut avoir aucun effet."*
Art. 1.131 – A obrigação sem causa, ou com causa falsa, ou com causa ilícita, não pode ter efeito algum. (trad. livre)

erro; se o objetivo é lícito e moral. *"La cause ainsi comprise est la cause finale, du moins dans da conception classique"*.[157]

Colin e Capitant seguem a mesma linha de raciocínio acima ao exporem que a causa se encontra em toda a obrigação, sendo sua fonte a vontade do indivíduo, seja ela contratual ou resultado de uma disposição testamentária. Toda vez que uma pessoa se obriga, ela o faz em vista de um objetivo imediato, direto, que determina fazer nascer a obrigação: *"c'est ce but que l'on appelle la cause"*.

Eles afirmam que a maioria dos autores se manifesta no sentido de que a noção de causa é artificial e que não se distingue do consentimento ou do objeto, mas eles discordam disso. Dizem que se trata de conceito importante e que é comum haver invalidação de contratos por conta do reconhecimento da ilicitude ou imoralidade de suas causas.[158] A leitura dos incisos II, II e VI do artigo 166 do Código Civil brasileiro de 2002 sugere que essa diferenciação é salutar.[159]

A teoria clássica da causa, que fez substituir na França as *condictiones* romanas, passou a ser alvo de crítica da doutrina. Em virtude disso, no fim do século XIX, a corrente anti-causalista já tinha se tornado predominante na doutrina. As críticas se iniciaram por meio de um escrito publicado na Bélgica em 1826 e ganharam adeptos na França, sendo que influenciaram a formulação de Códigos na Alemanha e na Suíça.

Elas se concentravam em três aspectos: histórico, lógico e prático. Em suma, segundo os adeptos dessa teoria, a noção de causa não se encontra no direito romano, nem era conhecida por seus predecessores; não há uma única noção de causa, pois existem três sentidos para a causa (sinalagmáticos, reais e liberalidades), sendo que, nos três, seu sentido é contestável; e, ainda, essas noções de causa se confundem com os conceitos de consentimento e objeto, conforme visto acima.[160]

---

[157] MARTY, Gabriel; RAYNAUD, Pierre. *Les obligations*: les sources, cit., p. 193-194.

[158] COLIN, Ambroise; CAPITANT, Henri. op. cit., p. 313.

[159] Art.166 – "É nulo o negócio jurídico quando: (...) II – for ilícito, impossível ou indeterminável o seu objeto; III – o motivo determinante, comum a ambas as partes, for ilícito; (...) VI – tiver por objetivo fraudar lei imperativa;"

[160] MARTY, Gabriel; RAYNAUD, Pierre. op. cit., p. 196-197. Os autores explicam que as críticas foram recebidas e assimiladas pelos adeptos da teoria causalista, sendo que ela se desdobrou em outras teorias causalistas modernas, que são a teoria objetiva, a teoria subjetiva, com suas derivações, e a teoria dualista. (Id. Ibid., p. 198-206).

Seguindo essa corrente abstrata o BGB adotou a hipótese da causa jurídica, ou seja, crédito no qual se abstrai a causa.[161] O parágrafo 812 desse diploma legal enuncia que, quem quer que, por prestação realizada por uma outra pessoa ou por outro qualquer modo, adquire sem causa jurídica à custa desta outra pessoa, fica obrigado em face dela a restituição. Esta obrigação existe igualmente quando a causa jurídica desaparece ulteriormente ou se o resultado visado por meio de uma prestação, tal qual resulta do conteúdo do ato jurídico, não se realiza.

A propósito da corrente em tela, António Menezes Cordeiro afirma que à causalidade se contrapõe à abstração. *"Uma regra de sinal inverso, pela qual as obrigações subsistem e circulam independentemente de qualquer fonte."*.[162] Fazendo menção à doutrina de Kaser e Knütel, ele explica o seguinte:

> O princípio da abstração opera fundamentalmente na Alemanha e tem origem histórica: a especial e algo paradoxal ligação do Direito alemão ao Direito romano clássico, por via do pandectismo e da terceira sistemática.
>
> No Direito romano, os contratos não tinham eficácia real: obrigavam as partes, por um 'negócio' ulterior, a promover o efeito real pretendido. Assim, a compra e venda (causa) teria de ser seguida pela entrega da coisa (traditio), a qual asseguraria a transmissão.
>
> (...)
>
> Simplesmente, visando operacionalizar o comércio jurídico, o Direito alemão deu um passo que não fora, pelo que se sabe, dado no próprio Direito romano: uma vez concluído o negócio de transmissão, o efeito subsiste independentemente do negócio-fonte ou seja, da causa.[163]

---

[161] Pontes de Miranda é claro no sentido de que *"o crédito abstrato não é crédito para o qual não tenha havido causa. É crédito em que se abstraiu da causa; por isso, é dito crédito abstrato, e não sem causa. A causa pode ter existido, embora sem se manifestar. Quem entrega nota promissória, ou aceita letra de câmbio, deve ter, para chegar a isso, tomado de empréstimo, ou adimplido algum dever, ou doado, ou ir tomar de empréstimo, ou adimplir algum dever, ou doar. Por conseguinte, se se cumpre a promessa abstrata, pode sobrevir ação de enriquecimento injustificado, dado que ocorram os pressupostos"*. (MIRANDA, Francisco Cavalcanti Pontes de. *Tratado de direito privado*. 2. ed. Rio de Janeiro: Borsoi, 1958. t. 26, p. 158).

[162] CORDEIRO, António Menezes. *Tratado de direito civil*: direito das obrigações – introdução, sistemas e direito europeu, dogmática geral. 2. ed. rev. e atual. Coimbra: Almedina, 2012. v. 6, p. 71. (Coleção Menezes Cordeiro).

[163] Id. Ibid., p. 71-72.

O Código de Obrigações suíço também adotou essa corrente sobre a causa, estipulando em seu artigo 17 que é válido o reconhecimento de uma dívida, mesmo se ela não enuncia a causa de sua obrigação. No entender de Virgile Rossel, isso significa que, pela segurança das transações, a dívida continua sendo válida até que se prove inexistir causa a justificar a sua existência.[164]

Serpa Lopes afirma que, entre os dois sistemas, causalista e anti-causalista, o Código Civil brasileiro de 1916 adotou o indiretamente o primeiro:

> A idéia de objeto substituiu plenamente a idéia de causa, em razão de representar esta o próprio fim. Na compra e venda, o seu objeto em relação ao comprador consiste no recebimento da coisa vendida, e sem a existência da coisa vendida não há espaço para a compra e venda, como não há compra e venda sem faltar o preço, porque este é o objeto do contrato em relação ao vendedor.[165]

Nessa senda, ele ainda afirma que no sistema brasileiro não é aceito negócio jurídico sem causa, ou seja, abstrato, e acrescenta que há vários dispositivos versando sobre o enriquecimento sem causa no Código Civil de 1916. Nessa linha, ele ressalta que, em um sistema de causa justificante, não se considera nulo o negócio jurídico sem causa; o deslocamento patrimonial é válido e perfeito. Contudo, por não haver legitimação substantiva, isso dá ensejo à restituição por enriquecimento sem causa.[166]

Não se entrevê diferença entre a causa jurídica dos sistemas alemão e suíço e a causa justificante de Serpa Lopes. Em ambos os casos a noção de causa está ligada à existência de um fato que esteja em harmonia com o sistema jurídico e que justifique uma alteração patrimonial. Não estando presente essa causa, a alteração se mostra injustificada e, por

---

[164] ROSSEL, Virgile. op. cit., p. 41.
[165] LOPES, Miguel Maria de Serpa. *Curso de direito civil*: fontes acontratuais das obrigações: responsabilidade civil, cit., v. 5, p. 79.
[166] LOPES, Miguel Maria de Serpa. *Curso de direito civil*: fontes acontratuais das obrigações: responsabilidade civil, cit., v. 5, p. 80-81.

conseguinte, a restituição é a solução jurídica adequada, por qualquer das hipóteses de atos restitutórios.

À vista disso, seria possível dizer que o sistema brasileiro adotou o sistema da causa jurídica, isto é, a doutrina da abstração. No entanto, não se mostra correta essa posição. Com efeito, malgrado não seja inválida a obrigação que não se ancora em uma causa, considerada esta como fonte, por falta de previsão legal nesse sentido, é absolutamente viável o reconhecimento da inexistência da relação jurídico-obrigacional. Essa é uma resposta jurídica ainda mais grave e profunda do que a invalidade da obrigação. Ao reconhecimento da inexistência se sucede a restituição das partes ao estado anterior ao deslocamento patrimonial, o que independe da remissão ao instituto do enriquecimento sem causa previsto nos artigos 884 e seguintes do Código Civil brasileiro de 2002.

3.1.1.2. A Noção de Causa no Pagamento Indevido

Em síntese, o que qualifica o pagamento como indevido é justamente o fato de que ele não se faz no ambiente de uma relação jurídica que contenha uma dívida. A realização da prestação subsequente não encontra legitimação em uma obrigação antecedente, compreendida obrigação a partir das fontes anteriormente identificadas.

Comentando sobre o artigo 1.376 do Código Civil francês em sua redação original[167], Jean Carbonnier afirma que a causa da restituição é contemporânea à do próprio pagamento, isto é, surge o direito à restituição porque, no momento em que se faz o suposto pagamento, não há dívida. Segundo ele, no entanto, não há razão para não se considerar como pagamento indevido a realização de prestação feita em outras hipóteses semelhantes de inexistência de dívida, inclusive por invalidação ou extinção da obrigação por qualquer outro fundamento em momento posterior ao pagamento.[168]

---

[167] O Código Civil francês foi reformado em 2016 e a disciplina do pagamento indevido também foi alterada. O artigo 1.376 do Código Civil francês, em sua redação original, agora se encontra no artigo 1.302-1, que tem a seguinte redação: "*Celui qui reçoit par erreur ou sciemment ce qui ne lui est pas dû doit le restituer à celui de qui il l'a indûment reçu.*" (Aquele que recebe por erro ou ciente de que não lhe é devido é obrigado a restituir aquilo que indevidamente recebeu.) (trad. livre)

[168] CARBONNIER, Jean. *Droit civil*: les obligations. 1. ed. Paris: PUF, 1956. t. 4, p. 535-538.

Colin e Capitant seguem a mesma linha de raciocínio de seu compatriota para dizer que pode ser considerado sem causa o pagamento se a dívida não existe ou se ela está inquinada de nulidade.[169]

Analisando a repetição do indébito no âmbito do enriquecimento sem causa, Antunes Varela reforça o posicionamento acima dizendo que

> a declaração de nulidade e a anulação, implicando a destruição retroactiva dos efeitos do negócio, obrigam as partes a restituir reciprocamente tudo quanto hajam recebido, ou o respectivo valor quando a restituição em espécie não seja possível (art. 289º, I), o mesmo sucedendo com a resoluão do contrato, no que toca aos efeitos entre as partes.[170]

Também tratando da repetição do indébito no âmbito do enriquecimento sem causa, Andreas von Tuhr afirma que são três as hipóteses em que se considera inexistir causa a justificar o enriquecimento alheio: a) quando há entrega sem causa válida alguma, o que abrange a simples ausência de convenção entre as partes e a existência de relação jurídica, mas sem o débito justificador do enriquecimento; b) quando há entrega em virtude de uma causa jurídica que não se realizou; c) quando há entrega em virtude de uma causa jurídica que desapareceu.[171]

Conforme se pode extrair da doutrina majoritária, a interpretação que se deve dar aos preceitos normativos que regulam o pagamento indevido, no tocante à ausência de causa, não deve ser literal e restritiva, limitando o instituto às hipóteses em que inexiste dívida no momento em que a prestação é realizada. Na falha da lei, deve ser dada interpretação ampliativa à norma, de tal sorte que seja considerada como pagamento indevido toda a situação que envolver um pagamento sem dívida que a justifique, seja porque nunca existiu, seja porque existiu, mas deixou de existir antes do pagamento, seja, ainda, porque existiu, mas deixou de existir, por qualquer razão, depois de feito o pagamento.

Justifica-se, portanto, pensar que o pagamento indevido, na atualidade, não se restringe à hipótese antigamente tratada pela *condictio indebiti*, abrangendo também aquelas regras pela *condictio causa data causa*

---

[169] COLIN, Ambroise; CAPITANT, Henri. op. cit., p. 399.
[170] VARELA, João de Matos Antunes. *Das obrigações em geral*, cit., 1970, p. 344.
[171] TUHR, Andreas von. *Tratado de las obligaciones*, cit., p. 302.

non secuta (direito de reclamar o que se deu com intuito de alcançar um fim, que não se realizou)[172] e pela *condictio ob finitam causam* (direito de restituição quando a causa que dava ensejo ao direito cessou).

A propósito da abrangência do instituto defendida pela doutrina, Orozimbo Nonato, fundado em lição de Tito Fulgêncio, elenca uma série de hipóteses em que o pagamento deveria ser considerado indevido, isto é, sem causa jurídica:

1. quando, na obrigação de dar, entrega o devedor uma coisa por outra;
2. quando, na obrigação divisível sem solidariedade, paga o devedor, por inteiro, a sua e a parte dos outros devedores conjuntos;
3. quando paga obrigação já extinta;
4. quando paga mais do que deve, caso de indébito no excesso;
5. quando paga o que não pertencia a quem lhe alienou;
6. quando paga antes de cumprida a condição suspensiva.[173]

---

[172] Esta hipótese parece justificar a incidência do instituto do pagamento indevido a um exemplo clássico do direito inglês, qual seja, os *coronation nat cases* (casos da coroação), que deram ensejo à teoria da frustração do contrato (*frustration onf adventure*). Segundo explica Otavio Luiz Rodrigues Junior, em 1902 ocorreria a coroação do rei Eduardo VII. Por conta disso, foram alugados mezaninos, varandas, andares e outros espaços que tivessem visão privilegiada para o cortejo real. No entanto, o futuro rei teve um problema de saúde e a cerimônia foi adiada. Surgiram várias controvérsias acerca da obrigação dos locatários de pagar os valores que tinham sido acertados com os locadores. O mais célebre prejulgado foi Krell *versus* Henry, em que o réu alugara pavimentos em Pall Mall para esse fim. O detalhe interessante neste caso é que o contrato não constava que a locação se dava para o fim de vislumbrar a coroação. Henry havia pago 25 libras para Krell e deixou de pagar as 50 libras faltantes. O tribunal declarou inexigível a prestação, liberando Henry de pagar as referidas 50 libras sob o fundamento de que, embora não integrasse expressamente o instrumento do contrato, era implícito que seu fim restara frustrado com a doença do futuro monarca, um fato superveniente e alheio à vontade das partes. (RODRIGUES JUNIOR, Otavio Luiz. *Revisão judicial dos contratos*: autonomia da vontade e teoria da imprevisão. 2. ed. rev. ampl. e atual. São Paulo: Atlas, 2006. p. 62.) Sem adentrar à matéria relativa aos fundamentos teóricos da teoria da imprevisão, o fato é que se se adotar a regra de que todo contrato tem um fim que deve nortear a análise do intérprete no que diz respeito à sua existência e, por conseguinte, a eficácia de suas obrigações, se esse fim deixa de existir, entendido fim como causa, deixa de existir também fundamento ao pagamento eventualmente já feito, de tal modo que deve ser restituído.

[173] NONATO, Orozimbo. op. cit., p. 137.

Carvalho Santos segue a mesma linha de raciocínio ao afirmar que também existem as causas de pagamento parcialmente indevido, tais como:

a) quando o solvens, sendo devedor conjunto, julgando-se devedor solidário paga a totalidade da divida, hypothese em que o indevido será parcial, ou seja correspondente á parte excedente do que lhe cabia effectivamente na divida;
b) quando o solvens dá em pagamento coisa mais valiosa do que a devida;
c) quando, embora com direito de escolha na obrigação alternativa, o solvens faz a prestação da coisa determinada e exigida pelo accipiens;
d) quando faz a prestação de duas coisas, cumulativas, na hypothese de uma só ser devida.[174]

A interpretação extensiva que se defende é especialmente útil no direito civil pátrio, eis que o legislador brasileiro é contido na regulação do instituto. No Código Civil brasileiro de 1916 a norma central acerca do pagamento indevido dispunha o seguinte:

> Art. 964. Todo aquele que recebeu o que lhe não era devido fica obrigado a restituir.
> A mesma obrigação incumbe ao que recebe dívida condicional antes de cumprida a condição.

A redação atual do artigo 876 do Código Civil brasileiro de 2002 é praticamente a mesma que se vê acima. A mudança foi sutil e meramente redacional:

> Art. 876. Todo aquele que recebeu o que lhe não era devido fica obrigado a restituir; obrigação que incumbe àquele que recebe dívida condicional antes de cumprida a condição.

---

[174] CARVALHO SANTOS, J.M. de. *Código Civil brasileiro interpretado*, cit., v. 12, p. 393.

Pela leitura de ambos os preceitos normativos, especialmente pela expressão *"o que lhe não era devido"*, tem-se que, numa interpretação literal e restritiva, somente se conceberia pagamento indevido se, ao tempo do suposto pagamento, a dívida já não existisse. O desaparecimento dela, no máximo, teria que ser concomitante, mas, de modo algum, posterior ao suposto pagamento, quer pela extinção da obrigação por outras causas, como a remissão ou a compensação, quer pela resolução ou invalidação do negócio jurídico.

Não se observa a mesma limitação de que se trata em preceitos normativos estrangeiros. Citam-se apenas dois para que sirvam de comparação: um em que o pagamento indevido se insere no contexto maior do enriquecimento sem causa, outro em que o pagamento indevido é tratado como fonte autônoma de obrigação.

O parágrafo 812 do BGB, ao tratar do instituto do enriquecimento sem causa, elenca as hipóteses em que estaria ausente a causa, a ensejar a restituição: inexistência de obrigação; desaparecimento da obrigação em momento posterior [à realização da prestação = pagamento]; e não realização do resultado que se pretendia com os esforços empreendidos.[175]

O novel Código Civil argentino seguiu o mesmo caminho do diploma alemão, pois ao disciplinar o pagamento indevido indicou com especificidade as hipóteses em que, de antemão, considerar-se-ia ausente a causa a justificar o suposto pagamento.

---

[175] *"§ 812 Herausgabeanspruch*
(1) Wer durch die Leistung eines anderen oder in sonstiger Weise auf dessen Kosten etwas ohne rechtlichen Grund erlangt, ist ihm zur Herausgabe verpflichtet. Diese Verpflichtung besteht auch dann, wenn der rechtliche Grund später wegfällt oder der mit einer Leistung nach dem Inhalt des Rechtsgeschäfts bezweckte Erfolg nicht eintritt.
(2) Als Leistung gilt auch die durch Vertrag erfolgte Anerkennung des Bestehens oder des Nichtbestehens eines Schuldverhältnisses."
§ 812 Pedido de restituição
(1) A pessoa que recebe prestação realizada por outrem a título de cumprimento de obrigação ou de outra forma realizada às suas expensas, mas sem fundamento legal para recebê-la, tem o dever de proceder à restituição. Esta obrigação também existe se os fundamentos jurídicos caducarem mais tarde ou se o resultado que se pretendia atingir com esses esforços de acordo com o conteúdo do negócio jurídico, não ocorrer.
(2) O desempenho também inclui o reconhecimento da existência ou inexistência de uma obrigação. (trad. livre)

> Artículo 1796. Casos
> El pago es repetible, si:
> a) la causa de deber no existe, o no subsiste, porque no hay obligación válida; esa causa deja de existir; o es realizado en consideración a una causa futura, que no se va a producir; (...).

Contudo, se a interpretação extensiva é a mais adequada para a compreensão do instituto em comento, alargando o seu espectro, de outro lado é preciso reconhecer que ele tem alcance limitado no tocante aos casos de ausência de causa decorrente de declaração de inexistência ou de invalidação de relação jurídica. Nessas hipóteses, operando-se o efeito retroativo, as partes devem retornar ao estado anterior ao do aparecimento da relação jurídica, de tal modo que eventual pagamento feito por uma parte em favor de outra deve ser restituído, independentemente da aplicação do instituto do pagamento indevido. Trata-se de decorrência lógica e imediata da inexistência ou da invalidade da referida relação.

É o que se observa do artigo 182 do Código Civil brasileiro de 2002, utilizado como referência para os casos de invalidade em geral:[176]

> Art. 182. Anulado o negócio jurídico, restituir-se-ão as partes ao estado em que antes dele se achavam, e, não sendo possível restituí-las, serão indenizadas com o equivalente.

Da jurisprudência também é possível extrair essa noção nos casos de resolução ou resilição, conforme denotam os enunciados abaixo:

---

[176] "Conquanto tenha sido reiteradamente repetido na doutrina que a sentença que declara a nulidade opera efeitos (eficácia) 'ex tunc' e a sentença que decreta a anulabilidade (desconstitutiva do negócio jurídico) opera efeitos 'e nunc', a diferença não é necessariamente verdadeira, uma vez que tal critério contrata com a regra constante na primeira parte do artigo 182 do Código Civil brasileiro. Nas contundentes palavras de Zeno Veloso, 'essa lição espalha-se como erva daninha e significa um erro crasso, baseia-se num formidável equívoco.'
Seja sob o prisma processual, seja no campo do direito material, não é adequado adotar como o critério de diferenciação entre a nulidade e a anulabilidade os efeitos das respectivas sentenças. Não há diferença substancial entre os efeitos das sentenças declaratórias de nulidade e anulatória (constitutiva negativa) do negócio jurídico. Ambas necessariamente operam efeitos retroativos no momento da celebração do negócio cuja invalidade é reconhecida pela autoridade judicial. Daí se dever afirmar que a sua eficácia será sempre 'ex tunc'". (Id. Ibid., p. 129-130)

Súmula 543 do Superior Tribunal de Justiça – *Na hipótese de resolução de contrato de promessa de compra e venda de imóvel submetido ao Código de Defesa do Consumidor, deve ocorrer a imediata restituição das parcelas pagas pelo promitente comprador – integralmente, em caso de culpa exclusiva do promitente vendedor/construtor, ou parcialmente, caso tenha sido o comprador quem deu causa ao desfazimento.*

Súmula 1 da Seção de Direito Privado do Tribunal de Justiça de São Paulo: O Compromissário comprador de imóvel, mesmo inadimplente, pode pedir a rescisão do contrato e reaver as quantias pagas, admitida a compensação com gastos próprios de administração e propaganda feitos pelo compromissário vendedor, assim como com o valor que se arbitrar pelo tempo de ocupação do bem.

Súmula 2 da Seção de Direito Privado do Tribunal de Justiça de São Paulo: A devolução das quantias pagas em contrato de compromisso de compra e venda de imóvel deve ser feita de uma só vez, não se sujeitando à forma de parcelamento prevista para a aquisição.

Súmula 3 da Seção de Direito Privado do Tribunal de Justiça de São Paulo: Reconhecido que o compromissário comprador tem direito à devolução das parcelas pagas por conta do preço, as partes deverão ser repostas ao estado anterior, independentemente de reconvenção.

Sendo assim, deve ser reconhecido o fato de que o pagamento indevido é instituto de aplicação subsidiária.[177] Exatamente como foi exposto

---

[177] Trata-se de tema que não é pacífico, consoante se dessume da doutrina a seguir: "*Assai controversa appare la questione dei rapporti tra la condictio e l'azione diretta all'accertamento della nullità: a fronte di una corrente diretta a ricondurre la ripetizione nell'àmbito delle azioni concernenti l'invalidità del neg. (cfr. BARCELLONA, R. trim. 65, 28ss.; C 68/4089; C 59/2162, che há affermato essere, in sostanza, la condictio nient'altro che un'azione di nullità per mancanza di causa), si coloca infanti chi (MOSCATI, ibidem) afferma la completa autonomia della condictio rispetto all'azione di nullità, sostenendo la proponibilità di quest'ultima anche dopo la prescrizione della condictio (ad es. allo scopo dia gire in rivendicazione) e affermando ulteriormente la possibilità di um concorso alternativo e sussidiario tra le pretese restitutorie (ripetizione e rivendicazione) La problemática è evidentemente connessa con quella della effettività nel nostro sistema giuridico del principio consensualistico proclamato dall'art. 1376 c.c. (v. sub tale norma) e quella della possibilità o non di riconoscere per il nostro dir. eficácia traslativa, sia purê invalidable, a uma solutio effettuata in assenza di causa solvendi (com la conseguenza di configurar ela ripetizione quale mezzo per recuperar ela titolarità – oltre che il possesso – del bene consegnato): quanto detto vale oltre i limitati casi in cui per il nostro diritto fosse ancora configurabile um neg. astratto di trasferimento da non considerare in sé nullo per difetto della*

no item 1.2.2.2.2., a que se remete o leitor, a subsidiariedade de que se trata é a abstrata, de tal maneira que o pagamento indevido pode ser utilizado para a repetição do indébito, a despeito da aplicabilidade de outro instituto jurídico.

3.1.1.3. Pagamento de Dívida Condicional

Condição é o evento futuro e incerto que subordina os efeitos de um negócio jurídico.[178] Existe condição suspensiva e resolutiva, sendo que a diferença entre elas é que a primeira suspende alguns dos efeitos do negócio jurídico até que ela sobrevenha, ao passo que na segunda o negócio jurídico gera seus efeitos enquanto ela não sobrevém.[179]

No direito romano já existia o direito à repetição no caso em que se solvia obrigação pendente *condictione*: "*sub condictione*

---

causa externa (v. sub art.1376, 2). Cfr. Anche sub I, 4. Il concorso di ripetizione e rivendicazione è evidentemente concepibile soltanto nel caso in cui la res consegnata non sia ancora confusa o incorporata in altre appartenenti all'accipiens, in quanto il tali casi determinerebbe senz'altro, almeno per questa via, un acquisto di titolarità della parte di costui." (CIAN, Giorgio; TRABUCCHI, Alberto. *Commentario breve al Codice Civile*. 3. ed. Padova: CEDAM – Casa Editrice Dott. Antonio Milani, 1988, p. 1.524)

[178] Art. 121. Considera-se condição a cláusula que, derivando exclusivamente da vontade das partes, subordina o efeito do negócio jurídico a evento futuro e incerto.

[179] "*Pontes de Miranda alerta não se deve dizer que não ostentam eficácia os negócios jurídicos sujeitos à condição suspensiva. Razão lhe assiste, por certo. De tal asserção se infere o desacerto da regra contida no artigo 125 do Código Civil, segundo o qual 'subordinando-se a eficácia do negócio jurídico à condição suspensiva, enquanto esta não se verificar, não se terá adquirido o direito, a que ele visa'. O ensinamento de Pontes de Miranda ao qual acedemos, entretanto, destoa das lições repetidas pela doutrina nacional de que 'um negócio é condicional quando sua eficácia depende de um acontecimento futuro e incerto'. A nosso viso, mesmo o negócio jurídico sob condição (condição suspensiva, em especial) não se encontra com a sua eficácia pendente. Isso porque, naquele momento e naquelas circunstancias, o negócio ostenta a exata e a plena eficácia pretenderam as partes a ele imprimir em atenção à autonomia privada negocial. É dizer, a inclusão dos negócios jurídicos condicionais ou a termo no rol de negócios jurídicos ineficazes é cientificamente incorreta. A ineficácia, é certo, (pres)supõe haja manifestação de vontade e o conteúdo legítimo da manifestação e, ainda assim, que certo efeito negocial não se verifique. No entanto, nos casos em que há a incidência de condição, de encargo ou de termo, por exemplo, há concretamente o exato fato jurídico colimado pelas partes, com a máxima expansão dos efeitos a ele desejados precisamente para aquele momento e naquelas condições, ou, melhor, 'exatamente como se quis'. Nada lhe falta na pendência de condição, na medida do que se desejou para aquele momento ao celebrarem o negócio jurídico. No dizer de Pontes de Miranda, 'o ato jurídico que já é ou pode vir a ser não é natimorto, nem é embrião: a eficácia suspensa não é ineficácia*". (GUERRA, Alexandre. op. cit, p. 67/68)

debitum per errorem solutum pendente quidem conditione repetitur" (L. 16, pr., h., t.).[180]

O artigo 877 do Código Civil brasileiro de 2002 seguiu essa tendência, mas o fez sem informar explicitamente de que condição está a tratar. Apesar disso, é claro que é da condição suspensiva que ele trata, pois somente nesse caso ainda não há direito à prestação.

Não é possível aplicar analogicamente essa regra ao negócio jurídico vinculado a termo, pois sendo ele evento futuro e certo, o direito à prestação já existe, embora não seja exigível até que ocorra.[181] Já existindo o direito à prestação por parte do *accipiens*, é certo que o período de tempo que entremeia o surgimento da obrigação e a exigibilidade da prestação por parte dele existe em favor do *solvens*.[182] Sendo assim, se ele decidiu por não se valer desse prazo que lhe foi concedido, trata-se de manifestação de vontade legítima dele. É o que se infere também do artigo 133 do Código Civil brasileiro de 2002.[183]

O artigo 144 do Anteprojeto de Código de Obrigações de 1941 tratava a questão de outro modo, com a seguinte redação: "*Se o devedor, ignorando o termo, paga a dívida antes do vencimento, pode repetir, nos limites do prejuízo, o enriquecimento consequente à antecipação*".

3.1.2. A Voluntariedade

Dispõe o artigo 877 do Código Civil brasileiro de 2002 que "*àquele que voluntariamente pagou o indevido incumbe a prova de tê-lo feito por erro*". Da leitura desse preceito normativo surge a necessidade de se compreender o que é voluntariedade.

Segundo o dicionário, voluntário é aquilo que deriva da vontade própria, que é espontâneo.[184] Embora os dois termos possam ser compre-

---

[180] NONATO, Orozimbo. op. cit., p. 139.
[181] Art. 131. O termo inicial suspende o exercício, mas não a aquisição do direito.
[182] MICHELON JR., Cláudio. *Direito restitutório*: enriquecimento sem causa, pagamento indevido, gestão de negócios. São Paulo: Revista dos Tribunais, 2007. p. 141; MIRANDA, Francisco Cavalcanti Pontes de. *Tratado de direito privado*, cit., t. 26, 1958, p. 133.
[183] Art. 133. Nos testamentos, presume-se o prazo em favor do herdeiro, e, nos contratos, em proveito do devedor, salvo, quanto a esses, se do teor do instrumento, ou das circunstâncias, resultar que se estabeleceu a benefício do credor, ou de ambos os contratantes.
[184] FERREIRA, Aurélio Buarque de Holanda. *Miniaurélio: o minidicionário da língua portuguesa*. 6. ed. rev. atualiz. – Curitiba: Positivo, 2004, p. 822.

endidos de forma diversa, atribuindo-se apenas ao segundo a iniciativa própria, sem influência externa, para o direito, no mais das vezes, eles são usados indistintamente. A iniciativa fica em segundo plano, enfatizando-se a sinceridade da vontade.

No direito penal, por exemplo, o artigo 65, inciso III, letra "c", do Código Penal dispõe que a confissão deve ser espontânea para que sirva como atenuante de pena, mas a melhor interpretação não exige que a iniciativa seja do criminoso.[185] No direito tributário a conclusão não é outra ao se interpretar a denúncia espontânea prevista no artigo 138 do Código Tributário Nacional, notadamente se lido o "caput" em conjunto com o parágrafo único.[186] Essa mesma linha de raciocínio se estende ao campo processual, pois quando se analisa o artigo 827, § 1º do Código de Processo Civil de 2015, basta a voluntariedade do agente que efetua o integral pagamento no prazo de 3 dias para que os honorários advocatícios sejam reduzidos, independentemente de tê-lo feito por influência externa ou mesmo pelo incentivo legal.[187] No direito civil não é diferente

---

[185] "*Acrescentamos, ainda, que confundir espontaneidade com mera iniciativa do agente, enquanto voluntariedade seria agir livre de qualquer coação, embora sem iniciativa própria, mas sob sugestão de terceiros, ao que nos parece, é dilapidar a diferenciação entre os dois termos, construída, ao longo de muito tempo, pela doutrina pátria. Fosse assim e teríamos a seguinte situação, como exemplo: o sujeito que confessasse por influência de sua mãe, convencendo-o de que sua atitude criminosa não foi correta, estaria confessando voluntária, mas não espontaneamente, simplesmente porque houve influência externa. Logo, não teria direito à atenuante da confissão espontânea, o que é um ilogicismo. Ele estaria arrependido, justamente porque ouviu os reclamos de sua genitora, mas o seu ato não poderia ser considerado de sua iniciativa. Destarte, a espontaneidade somente tem sentido no contexto da sinceridade de propósito e não superficialmente no âmbito da iniciativa de agir.*" (NUCCI, Guilherme de Souza. *Individualização da pena*. 2. ed., rev., atual. e ampl. São Paulo: Revista dos Tribunais, 2007, p. 256)

[186] "*Aos infratores o CTN concede uma oportunidade para que se redimam, através do instituto da denúncia espontânea. Assim, se voluntariamente confessarem a violação ao Fisco, ficam livres do pagamento de qualquer penalidade. (...) A declaração da falta cometida tem que ser livre de qualquer pressão, de maneira que, se for formulada após o início de procedimento administrativo ou fiscalização, relacionados com a infração, igualmente não gerará as consequências do art. 138, cabendo ao sujeito passivo arcar com as sanções impingidas*". (*Código Tributário Nacional comentado: doutrina e jurisprudência, artigo por artigo, inclusive ICMS*. Coord. Vladimir Passos de Freitas. 4. ed., rev., atual. e ampl. São Paulo: Revista dos Tribunais, 2007, p. 653).

[187] *Comentários ao Código de Processo Civil: perspectivas da magistratura*. coord. Silas Silva Santos... [et.al.]. São Paulo: Thomson Reuters Brasil, 2018.

a interpretação que prevalece quando se lida com o reconhecimento voluntário da paternidade.[188]

Dito isso, é preciso dizer que a voluntariedade de que trata o artigo 877 do Código Civil brasileiro de 2002 resume-se à efetiva vontade de se realizar a conduta consistente no objeto da obrigação (prestação), independentemente disso ter derivado de iniciativa própria ou não, e, como será devidamente explicitado em item próprio desta dissertação, de haver *animus solvendi*.[189]

Ainda no tocante à voluntariedade, deve ser rejeitada a interpretação do artigo 877 do Código Civil brasileiro de 2002 no sentido de que haveria duas vertentes do pagamento indevido: numa delas o pagamento indevido é feito involuntariamente; noutra, ele é feito voluntariamente, caso em que é exigida a prova do erro.

Na ausência de vontade o ato jurídico *stricto sensu* consistente no pagamento é inexistente, não podendo gerar quaisquer efeitos para quem o realiza. Não se acredita que o legislador tenha se debruçado sobre a matéria para tratar de ato jurídico inexistente, pois é cediço que a lei, no plano negativo, regula apenas a invalidade e a ineficácia.[190] Ademais,

---

[188] *"O reconhecimento da paternidade no Direito brasileiro é voluntário ou compulsório, operando-se o mdo espontâneo pelas formas expostas pelo artigo 1.609 do Código Civil de 2002, sem a mesma extensão da codificação revogada no concernente ao reconhecimento voluntário a paternidade extramatrimonial"*. (MADALENO, Rolf. *Curso de Direito de Família*. 4. ed., rev., atual. e ampl. Rio de Janeiro: Forense, 2011, p. 556)

[189] No item 3.1.3.2 será analisada a natureza jurídica do pagamento, para compreensão exata do que se deve entender por pagamento indevido. Nessa oportunidade serão expostas as razões pelas quais o pagamento deve ser tido como ato-fato jurídico.

[190] No item 4.2.7 será detalhadamente analisada a Súmula 322 do STJ, que dispensa a prova do erro no caso de repetição do indébito decorrente de contrato de abertura de crédito em conta corrente. De qualquer modo, no presente momento cabe ressaltar que em alguns julgados que fundamentaram a edição do referido enunciado há menção à ausência de voluntariedade (espontaneidade) nos lançamentos feitos pelo banco na conta corrente do cliente, isto é, dos débitos. Cita-se trecho do voto condutor do Ministro Relator Cesar Asfor Rocha no REsp n. 184.237-RS para demonstrar a relevância da discussão acerca da voluntariedade e, sobretudo, o equívoco de se discutir sobre o pagamento indevido na ausência desse requisito: *"(...) De fato, conquanto judiciosos, não calham os argumentos do banco, no sentido de ter provado que movimentou regularmente a conta e cobrou com acerto, ou de que as nulidades proclamadas em juízo não significam que o mesmo não se desincumbiu do ônus de provar a incorreição dos lançamentos, pois, na verdade, a própria natureza do contrato de abertura de crédito e a forma com que são procedidas as cobranças dos encargos descaracteriza a voluntariedade dos pagamentos que o correntista pretende*

como será visto a seguir, o pagamento indevido é instituto subsidiário, de tal maneira que, a rigor, não precisa ser aplicado para a repetição do indébito nos casos de extinção da relação jurídica com retorno das partes ao estado anterior.

3.1.3. A Prestação Feita a Título de Pagamento
3.1.3.1. Conceito de Pagamento no Âmbito do Pagamento Indevido

A obrigação jurídica consiste no dever jurídico *stricto sensu* de natureza transitória consistente em fazer ou deixar de fazer alguma coisa em favor de pessoas determinadas ou determináveis, sob pena de, em caso de descumprimento, se arcar com a sanção.[191]

Ela se diferencia do dever jurídico *lato sensu*, imposto genérica e abstratamente por lei a todos. As faculdades ligadas às obrigações são transitórias, pois elas se extinguem assim que o credor tem seu interesse realizado. A eficácia delas cessa nesse exato momento. De outro lado, as faculdades decorrentes dos deveres jurídicos *lato sensu*, tais como o de exigir respeito à propriedade, persistem enquanto se é proprietário. Caso alguém tome a propriedade alheia, o proprietário tem a faculdade de obter a restituição de seu bem e, depois de obter êxito nesse pleito, a faculdade não desaparece, pois não reclama deles uma prestação, mas a abstenção de perturbação de seu direito.[192]

A *"obligatio"* romana não consistia em um vínculo jurídico, puramente abstrato, entre credor e devedor. Tratava-se de vínculo material, em virtude do qual o devedor respondia pela dívida com o seu próprio corpo.[193] Nessa época, a ênfase do pagamento recaía sobre a conduta do devedor,

---

ver repetidos. Isso porque o correntista não paga de forma espontânea, a instituição financeira é que se apropria de todos os créditos provenientes de fontes outras, como salário e depósitos, porventura lançados em favor do cliente, simplesmente debitando as respectivas importâncias de sua conta corrente, com o fito de saldar os juros e encargos por ela apurados, em decorrência da prévia utilização do numerário colocado à disposição do devedor."

[191] Utiliza-se o termo "sanção" no significado exposto por Norberto Bobbio, nos seguintes termos: *"A resposta ou a reação que o grupo social manifesta por ocasião de um comportamento por algum motivo relevante de um membro do grupo (relevante no sentido negativo ou positivo, não importa), com o objetivo de exercer um controle sobre o conjunto dos comportamentos sociais e direcioná-los a certos objetivos mais do que a outros".* (BOBBIO, Norberto. op. cit., p. 29)

[192] TUHR, Andreas von. op. cit., p. 06.

[193] ALVES, José Carlos Moreira. op.cit., p. 08.

ficando em segundo plano a satisfação do interesse do credor pelo ponto de vista econômico/patrimonial.

Esse viés eminentemente subjetivo da *"obligatio"* somente começou a ser alterado em 326 a.C., com a Lei *Poetelia Papiria*. Ela proibiu a escravização do devedor *ex contractu* e indicou que o que se submeteria ao credor seria o patrimônio do devedor, não seu corpo.[194] Com o tempo, essa noção objetiva de obrigação se consolidou e se chegou a sustentar que a obrigação passou a ser uma relação entre dois patrimônios. A obrigação tornou-se impessoal e a ênfase do pagamento passou a ser então a satisfação do interesse do credor pelo ponto de vista econômico/patrimonial.

A noção moderna de obrigação se situa no meio entre esses dois extremos. Ela não é nem uma relação jurídica fundamentalmente subjetiva que liga apenas credor e devedor, nem uma relação jurídica meramente objetiva entre os patrimônios deles. O pagamento é a exata execução da prestação por parte do devedor com vistas à satisfação do interesse do credor pelo ponto de vista econômico/patrimonial.[195]

Para além disso, seguindo a tendência jurídica contemporânea de incorporar conceitos metajurídicos, a obrigação passou a ser vista sob um prisma complexo, notadamente por influência da boa-fé objetiva.

Comentando o direito obrigacional alemão, berço da boa-fé objetiva, Harm Peter Westermann menciona que há deveres acessórios ligados à prestação principal e deveres de pura proteção que repousam tão-somente no contato e, em dados casos, na confiança estabelecida entre credor e devedor. Os primeiros podem deduzir-se diretamente do mandamento do § 242 do BGB, ao passo que os outros baseiam-se no aperfeiçoamento do Direito, a que serve de meio a interpretação supletiva

---

[194] CHAMOUN, Ebert. op. cit. p. 282. O advento da referida lei não fez com que o vínculo obrigacional deixasse completamente de ser material e passasse a ser jurídico, puramente abstrato, pois como salienta Mário Júlio de Almeida Costa, *"na época clássica, a execução apresenta, de ordinário, natureza patrimonial. Consequentemente, a 'actio iudicati' levava, antes de mais, à venda dos bens do devedor e só na falta destes, a título subsidiário, portanto, implicava uma execução pessoal conducente à mencionada quase-servidão em que o 'addictus' fornecia trabalho ao credor"*. (COSTA, Mário Júlio de Almeida. op. cit., p. 102).

[195] SILVA, Rafael Peteffi. *Teoria do adimplemento e espécies de inadimplemento*. Disponível em: <http://www.direitocontemporaneo.com/wp-content/uploads/2014/02/PETEFFI-Teoriaadimplemento.pdf >. Acesso em: 25 abr. 2019, pg. 05

dos contratos, em conformidade com os §§ 157 e 242 do BGB.[196] Nessa senda, por exemplo, se um mecânico de automóveis recebe a incumbência de executar determinado reparo, o freguês pode contar com esse perito para lhe chamar a atenção para quaisquer danos ou perigos que constatou ou deveria constatar na ocasião do conserto.[197]

Sob esse prisma, Jorge Cesa Ferreira da Silva afirma que o pagamento deixa de ser a mera realização da prestação, não se limitando a análise da sua ocorrência à troca de bens ou realização de serviços. Deve ser analisada a satisfação do conjunto de direitos e interesses decorrentes do vínculo. Nessa linha, ele salienta que após recente reforma do BGB o seu § 241 passou a dispor que a obrigação não envolve apenas a prestação, mas também, conforme o seu conteúdo, o dever de respeito aos direitos, bens jurídicos e interesses da outra parte.[198]

Em se tratando de pagamento indevido, essa noção ampla de pagamento não se aplica. Tratando-se de espécie de ato restitutório, o pagamento ínsito ao pagamento indevido deve ser analisado pelo ponto de vista estritamente econômico/patrimonial, de acordo com o antigo viés objetivo a que se aludiu acima.

O escopo do legislador ao prever a repetição do indébito, conforme artigo 876 do Código Civil brasileiro de 2002, por exemplo, foi o de rechaçar o enriquecimento sem causa. Pouco importa, portanto, a ênfase dada à conduta do devedor na corrente subjetiva do pagamento, tampouco a observância ou não dos deveres derivados da boa-fé objetiva.

---

[196] "§ 157 Auslegung von Verträgen
Verträge sind so auszulegen, wie Treu und Glauben mit Rücksicht auf die Verkehrssitte es erfordern."
§ 157 Interpretação dos contratos
Os contratos devem ser interpretados como exige a boa-fé, atendendo-se aos usos e costumes. (trad. livre)
"§ 242 *Leistung nach Treu und Glauben*
Der Schuldner ist verpflichtet, die Leistung so zu bewirken, wie Treu und Glauben mit Rücksicht auf die Verkehrssitte es erfordern."
§ 242 Prestação de acordo com a boa-fé
O devedor está obrigado a executar a prestação como a boa-fé o exige, em atenção aos usos e costumes. (trad. livre)
[197] WESTERMANN, Harm Peter. *Código Civil Alemão: direito das obrigações; parte geral*. trad. Armindo Edgar Laux. Porto Alegre: Sérgio Antônio Fabris Editor, 1983, p. 31-32.
[198] SILVA, Jorge Cesa Ferreira da. *Adimplemento e extinção das obrigações*. São Paulo: Revista dos Tribunais, 2007. pg. 40.

3.1.3.2. Natureza Jurídica do Pagamento

Existe intensa divergência acerca da natureza jurídica do pagamento e não se pode dizer que ela é meramente doutrinária, visto que, a depender da solução adotada, pode ensejar resposta jurídica diversa. No caso de um vício como o erro, *verbi gratia*, se o pagamento for tido como negócio jurídico, ele poderá ser invalidado; se for compreendido como ato-fato jurídico, não se discute acerca de sua validade, mas apenas de sua eficácia.[199]

Conforme Pontes de Miranda,[200] encontram-se na doutrina seis posições acerca da natureza jurídica do pagamento, quais sejam: negócio jurídico bilateral ou unilateral;[201] negócio jurídico necessariamente bilateral; ato jurídico *stricto sensu*;[202] ato-fato jurídico; fato jurídico[203], e; ato devido, necessariamente não negocial.

Sob essas posições jurídicas todas, alerta Cláudio Luiz Bueno de Godoy que todas as posições acerca da natureza jurídica do pagamento são influenciadas fortemente pela classificação dos fatos jurídicos que se adota.[204] Justamente por isso é que, de plano, se mostra pertinente a exclusão da posição relativa ao ato devido, porquanto se trata de classificação não aceita pela doutrina brasileira.[205]

Também pode ser rechaçada a posição de que o pagamento é, necessariamente, um negócio jurídico bilateral, pois não se exige concordância da parte do credor para que o pagamento se configure. Não se entrevê um acordo de vontades nesta hipótese, pois ele pode ocorrer e

---

[199] Id. Ibid.. p. 49.
[200] MIRANDA, Francisco Cavalcanti Pontes de. *Tratado de direito privado*. 2. ed. Rio de Janeiro: Borsoi, 1959. t. 24, p. 76-77.
[201] RUGGIERO, Roberto de. op. cit., p. 107; NANNI, Giovanni Ettore. op. cit., p. 323; BETTI, Emilio. *Teoria geral das obrigações*. Trad. Francisco José Galvão Bruno. Campinas: Bookseller, 2006. p. 491-492.
[202] PEREIRA, Caio Mário da Silva. *Instituições de direito civil*. Rio de Janeiro: Forense, 1992. v. 2, p. 115.
[203] LOPES, Miguel Maria de Serpa. *Curso de direito civil*: obrigações em geral. 7. ed. Rio de Janeiro: Freitas Bastos, 2000. v. 2, p. 193.
[204] GODOY, Cláudio Luiz Bueno de. Adimplemento e extinção das obrigações. Pagamento. Noção. Aspectos subjetivos. De quem de pagar. Daqueles a quem se deve pagar. In: LOTUFO, Renan; NANNI, Giovanni Ettore (Coords.). *Obrigações*. São Paulo: Atlas, 2011. p. 296.
[205] SILVA, Jorge Cesa Ferreira da. op. cit., p. 53-54.

gerar plenamente seus efeitos, ainda que o credor desconheça a realização da prestação por parte do devedor, ou mesmo se volte contra ele, tanto que é aceitável a consignação em pagamento nessa hipótese.[206]

Nos sistemas em que o contrato tem efeito translativo, como o italiano e o francês, compreender a entrega e aceitação da coisa devida como um contrato também significaria redundância, pois a aquisição da titularidade por parte do credor já ocorre no momento mesmo da conclusão do contrato transmissivo. Em outros sistemas, em que ao título se soma o modo, atribuir à entrega e à aceitação a natureza de contrato desvirtuaria o sistema, já que o modo também seria um título – a tradição, modo de transferir direito real sobre certos bens, seria um contrato.[207]

A despeito de tudo isso, se poderia cogitar que o pagamento tem natureza jurídica de negócio jurídico bilateral, ao menos, quando a prestação consistisse na realização de outro negócio jurídico, como é o caso do contrato preliminar que dá ensejo a outro contrato.[208]

Celso Quintella Aleixo se posiciona em sentido contrário, forte na diferenciação entre os aspectos intrínseco e extrínseco desse novo negócio jurídico:

---

[206] Angel Cristobal Montes diz que essa noção já era expressa por alguns comentadores a partir do Code Napoleón, mas que foi na Alemanha, com Von Tuhr e Endeman, dentre outros, que a posição se firmou no sentido de que há um encontro entre o oferecimento da prestação por parte do devedor e a aceitação da mesma por parte do credor, de tal maneira que a liberação do devedor se dá através de verdadeiro contrato. No entanto, segundo Messineo, essa visão é equivocada porque é possível ao devedor efetuar o pagamento com eficácia liberatória contra a vontade do credor ou, conforme acrescenta o autor em questão, mesmo sem participação dele, haja vista que é possível que o pagamento seja considerado eficaz se o pagamento é feito a terceiro, mas é revertido em favor do credor. O autor segue essa linha para dizer que não se pode dizer mesmo que há contrato porque não há o que o artigo 1262 do Código Civil espanhol dispõe acerca do consentimento: El *"consentimiento se manifiesta por el concurso de la oferta y de la aceptación sobre la cosa y la causa que han de constituir el contrato."* Ele afirma que, segundo Bohemer, o efeito extintivo da execução da prestação devida não necessita da concordância do credor porque se produz em virtude da identidade entre o pagamento com o que a obrigação impunha ao devedor. (CRISTÓBAL MONTES, Angel. El pago: el papel de la voluntad de acreedor y deudor. *Anuario de Derecho Civil*, Madrid, fasc. 2, p. 547, abr./jun. 1986. Disponível em: <https://www.boe.es/publicaciones/anuarios_derecho/abrir_pdf.php?id=ANU-C-1986-20053700570_ANUARIO_DE_DERECHO_CIVIL_El_pago:_el_papel_de_la_voluntad_de_acreedor_y_deudor>. Acesso em: 14 fev. 2017).
[207] Id. Ibid., p. 548.
[208] COSTA, Mário Júlio de Almeida. op. cit., p. 926.

O pagamento parece então ser, na verdade, um ato jurídico, mesmo quando se trate do atendimento a uma obrigação de realizar um negócio jurídico, como a promessa de celebração de um contrato. É que se faz necessário separar o ato negocial, do ponto de vista intrínseco, de seu aspecto extrínseco. Analisado em seu interior, tal ato seria sem dúvida um negócio jurídico. Exteriormente, porém, confrontado com a relação jurídica prévia que existia, se percebe que houve um ato humano que produziu efeitos jurídicos nessa relação jurídica anterior. Tanto isso é verdade que, se houver a celebração de um ato negocial diverso daquele que devia ser praticado, pagamento não terá havido, embora se possa afirmar que houve um negocio jurídico.[209]

Essa é a mesma posição de Antonio Hernandes-Gil, que afirma que o cumprimento da obrigação pode derivar de um negócio jurídico, mas não é outro negócio jurídico distinto e autônomo.[210] Ele sustenta que algumas vezes, nas obrigações de execução instantânea, o nascimento e o cumprimento se dão praticamente ao mesmo tempo. Em outros casos, o cumprimento ocorre depois do nascimento, tornando possível visualizar o cumprimento como um fenômeno tangível e representável com independência do negócio jurídico que o antecedeu. Desse modo, o contrato que tem por finalidade a celebração de outro contrato em momento posterior não consiste em um negócio jurídico. O negócio jurídico bilateral que se forma depois, o contrato, não é o cumprimento. Ele é o conteúdo do cumprimento, pois o continente é a atividade consistente em celebrar o negócio jurídico.[211]

---

[209] ALEIXO, Celso Quintella. Pagamento, cit., p. 279-280.
[210] Foi preservado o termo utilizado pelo autor, mas entenda-se, conforme exposto anteriormente, que cumprimento é o pagamento, para evitar distorções.
[211] HERNANDES-GIL, Antonio. op. cit., p. 280-282. Segundo o referido autor, o Tribunal Supremo Espanhol tende a se manifestar no sentido de que o cumprimento – para usar o termo do próprio autor, em vez de pagamento – é um negocio jurídico, embora não o diga de maneira absoluta. A sentença de 18 de novembro de 1944, segundo ele, é célebre. Nele se analisa essa questão da natureza jurídica do cumprimento e o tribunal afirma que, em se tratando de obrigação de dar ou entregar, o cumprimento é um negócio jurídico, pois o artigo 1.176 do Código Civil indica que o credor deve aceitar a prestação; o artigo 1.163 desse mesmo diploma dispõe que não tem validade, como regra geral, o pagamento feito a um credor incapaz; e os artigos 1.166 a 1.169 sinalizam que é necessária a anuência do

Excluídas essas duas posições, por certo que o pagamento deve ser tido como ato jurídico *lato sensu* de natureza unilateral. A questão que se coloca a partir disso é saber se ele é um ato-fato jurídico, um ato jurídico *stricto sensu* ou um negócio jurídico.

Consoante José Carlos Moreira Alves, a diferença entre o negócio jurídico, o ato jurídico *stricto sensu* e os atos-fatos, que correspondem a uma terceira categoria derivada dos estudos supracitados, é que o negócio jurídico é a ação humana que visa diretamente alcançar um fim prático aceito pelo sistema jurídico, razão por que é necessária uma vontade qualificada, sem vícios; o ato jurídico em sentido estrito é a ação humana que se baseia, não numa vontade qualificada, mas em simples intenção, razão por que nem todos os princípios do negócio jurídico se aplicam aos atos jurídicos em sentido estrito; e o ato-fato jurídico é a ação humana que a lei encara como fato, sem levar em consideração a vontade ou a intenção do agente, como é o caso do achado do tesouro, razão por que o louco se torna, pelo simples achado, proprietário de parte dele, ao menos.[212]

São todos conceitos derivados da valorização da vontade, numa graduação que permite diferenciá-los entre si, sendo que o negocio jurídico é o ápice da manifestação da autonomia privada, que conta com força

---

credor porque tratam da negativa em caso de pagamento parcial ou com coisa distinta. A respeito desses dois argumentos, Antonio Hernandes-Gil diz que elas são corretas em seus pontos de partida, mas não podem levar à conclusão de que sempre o cumprimento é um negócio jurídico. Isso porque a vontade do devedor de realizar a prestação e a do credor de aceita-la não se formam, nem são emitidas livremente, nem definem, por si sós, o efeito jurídico consistente no negócio jurídico. Essas duas manifestações de vontade, segundo ele, aparecem em estrita relação de dependência e subordinação ao negócio jurídico e com os dispositivos legais que dizem respeito à obrigação. São apenas as últimas consequências da execução. Ele prossegue dizendo que a menção ao artigo 1.176 do Código Civil espanhol é realmente interessante porque mostra que a manifestação de vontade do credor não é livre, tanto que, caso rejeite receber a prestação, deve fazê-lo por uma razão, sob pena de ser derrotado em consignação em pagamento. Logo, não cabe ao credor aceitar ou não. Ele se limita a constatar se a prestação é realizada de acordo com o que tinha sido definido. No caso positivo, ele tem que aceitar, de tal modo que falar em consentimento do credor pode ser feito apenas em sentido figurado. (Id. Ibid., p. 280-282).

[212] ALVES, José Carlos Moreira. *A parte geral do projeto de Código Civil brasileiro*: subsídios históricos para o novo Código Civil brasileiro. 2. ed. aum. São Paulo: Saraiva, 2003. p. 144-145.

constitucional, e que gera efeitos jurídicos porque os objetivos nele visados são tutelados pela ordem jurídica.[213]

Na busca pela exata compreensão da natureza jurídica do pagamento, Jorge Cesa Ferreira da Silva afirma que o ordenamento jurídico não valora especialmente o *animus solvendi*, ou seja, não se exige essa especial intenção daquele que realiza a prestação.[214] Basta que exista uma relação objetiva entre a realização da prestação e uma dívida prévia para que exista pagamento. Por exemplo, se o devedor tem duas dívidas para com dois credores distintos, e faz o depósito na conta bancária de um, pensando que o faz em favor de outro, a dívida daquele primeiro é extinta, mesmo tendo havido equívoco do devedor no direcionamento do pagamento e, por conseguinte, na vontade específica de pagar.[215]

Aliás, segundo Pontes de Miranda, em se tratando de obrigação negativa, o devedor se liberaria até mesmo ignorando que deve essa omissão.[216] Disso se infere que mesmo na ausência de vontade de agir e desconhecendo a obrigação, seria possível que se estivesse diante de prestação realizada com cunho de pagamento.

Esses argumentos merecem prosperar. Para que exista pagamento é bastante a existência de manifestação de vontade que culmine na supracitada relação objetiva entre a realização da prestação e a dívida pretérita. É dispensável o *animus solvendi*, malgrado, ocasionalmente, ele possa se apresentar e, por conseguinte, auxiliar o intérprete na distinção do *animus donandi*.

---

[213] Sobre a diferença entre a autonomia privada e o direito subjetivo: "*A autonomia privada consiste assim num espaço de liberdade, já que, desde que sejam respeitados certos limites, as partes podem livremente desencadear os efeitos jurídicos que pretendem. Pelo contrário, no direito subjectivo existe uma esfera de competência, já que relativamente a certo bem, quando ele é objeto de um direito subjectivo, efectua-se a sua atribuição exclusivamente a uma pessoa, uma vez que todos os outros sujeitos vêm a ser excluídos dessa atribuição. Por isso no direito subjectivo existe uma permissão normativa específica porque só o titular do direito tem a permissão de beneficiar das utilidades que aquele bem produz*". (LEITÃO, Luís Manuel Teles de Menezes. *Direito das obrigações*: Introdução. Da constituição das obrigações, cit., p. 19-20).

[214] SILVA, Jorge Cesa Ferreira da. op. cit., p. 55-56; CRISTÓBAL MONTES, Angel. op. cit., p. 559.

[215] SILVA, Jorge Cesa Ferreira da. op. cit., p. 55-56.

[216] MIRANDA, Francisco Cavalcanti Pontes de. *Tratado de direito privado*, cit., t. 24, 1959, p. 77.

3.1.4. O Enriquecimento do Suposto Credor

Segundo a teoria da divisão do instituto, o pagamento indevido é espécie de enriquecimento sem causa por prestação (*Leistungkondiktion*). Estabelecida essa relação entre os institutos, é certo que somente se pode falar em pagamento indevido se há o enriquecimento do *accipiens* com o pagamento do *solvens*.

Entende-se por enriquecimento tanto o aumento quanto a não redução patrimonial.[217] Ele pode consistir no acréscimo de um bem ou direito ao patrimônio da pessoa, ainda que temporariamente, com o uso ou consumo de coisa alheia ou exercício de direito alheio;[218] ou na exclusão de uma dívida, uma despesa, algo que componha o passivo dessa mesma pessoa. É nítida a semelhança entre esse requisito do enriquecimento sem causa e a análise que se faz das espécies tradicionais de dano: dano emergente e lucro cessante.[219]

No que concerne ao pagamento indevido, como se pode inferir do artigo 881 do Código Civil brasileiro de 2002, a prestação pode consistir em um dar, um fazer ou em um não fazer. No caso da obrigação de dar, o enriquecimento é de fácil verificação porque ele corresponde ao que foi entregue a título de pagamento.

Em se tratando de prestações consistentes em fazer e não fazer, contudo, a questão é mais complexa porque essas condutas não têm um valor

---

[217] O enriquecimento também pode ser direto ou indireto. No primeiro caso o enriquecimento decorre do empobrecimento da outra parte envolvida na relação jurídica; no segundo, o enriquecimento ocorre por intermédio de terceiro patrimônio, como é o caso *"de dois celibatários, irmão e irmã, vivendo sob o mesmo teto, tendo os credores da segunda por fornecimentos domésticos acionado o primeiro, em razão de não ter ela saldado seus débitos"*. (LOPES, Miguel Maria de Serpa. *Curso de direito civil*: fontes acontratuais das obrigações: responsabilidade civil, cit., v. 5, p. 83) A propósito do enriquecimento indireto, Giovanni Ettore Nanni afirma que a questão é controvertida e que a doutrina, em geral, admite a possibilidade de sua ocorrência, mas em hipóteses limitadas, tais como nos artigos 968, parágrafo único, e 1.521, inciso V, do Código Civil brasileiro de 2002, os quais tratam, respectivamente, do adquirente a título gratuito de bem imóvel entregue ao *accipiens* em pagamento indevido, e daquele que, de boa-fé, aufere benefício a título gratuito do produto do crime. (NANNI, Giovanni Ettore. *Enriquecimento sem causa*, cit., p. 245-246). Em se tratando de pagamento indevido, não se concebe o enriquecimento indireto, pois é da lógica do instituto que o enriquecimento do suposto credor derive do pagamento do suposto credor.

[218] VARELA, João de Matos Antunes. *Das obrigações em geral*, cit., 1970, p. 318-319.

[219] TUHR, Andreas von. op. cit., p. 300.

definido. Falta-lhes liquidez imediata. Poderia o legislador então estipular que a repetição dar-se-ia pelo valor correspondente à conduta perpetrada ou à redução patrimonial equivalente causada ao *solvens*.

Todavia, talvez imaginando que isso poderia ser impraticável nas obrigações de não fazer, o legislador deixou de lado a causa e atentou à consequência, determinando que a "obrigação de indenizar" se faça pelo lucro. Como explica Hamid Charaf Bdine Junior:

> essa indenização, porém, não será medida pela extensão dos prejuízos, mas pelo lucro obtido pelo credor. Assim, será identificado o valor da vantagem obtida pelo credor e este será o montante a indenizar ao devedor. Pode ocorrer, portanto, que o prejuízo do devedor ultrapasse o valor repetido, caso o fazer ou não fazer seja inferior, não produza ao credor vantagem ao menos igual à de suas despesas. Nessa hipótese, deixará de haver enriquecimento injusto do credor, que restituirá ao devedor o enriquecimento obtido. No entanto, não estará o devedor integralmente ressarcido dos danos suportados.[220]

A menção ao lucro na lei civil brasileira merece destaque porque ajuda a esclarecer outro ponto que precisa ser analisado no tocante ao enriquecimento como pressuposto do pagamento indevido: o enriquecimento de que se trata é real ou patrimonial?

Ao perscrutar o enriquecimento no Código Civil português de 1966, Luis Manuel Teles de Menezes Leitão aduz o seguinte:

> ... tem sido, porém, discutido se o enriquecimento deve ser definido num sentido real-individual, como a vantagem patrimonial concreta de qualquer tipo, com valor pecuniário, obtida pelo enriquecido, ou num sentido patrimonial-global, através da comparação entre a situação patrimonial vigente e a situação patrimonial que existiria sem a obtenção do enriquecimento.
>
> De acordo com a primeira concepção, o enriquecimento, quer como pressuposto (473, n.1), quer como objeto da obrigação de restituição (art.479, n.2) deveria ser sempre entendido no sentido de 'vantagem patrimonial concreta'.

---

[220] BDINE JUNIOR, Hamid Charaf. *Código Civil comentado*. Coordenador Cezar Peluso. 1. ed. Barueri-SP: Manole, 2007. p. 738.

Se essa vantagem desaparece, em virtude da destruição ou alienação, a manutenção da pretensão de enriquecimento pressupõe uma sub-rogação real ou obrigacional. (...)

De acordo com a concepção contrária, o enriquecimento não constitui uma vantagem patrimonial, mas antes uma valorização em termos económicos do patrimônio global do receptor. Para esta concepção, o enriquecimento não é necessariamente provocado por uma deslocação patrimonial entre as partes, já que posteriores modificações unilaterais do património por parte do receptor podem retirar ou dar outro significado a essa deslocação patrimonial. Daí que no âmbito do uso e fruição de bens alheios, esta concepção entenda o enriquecimento, não como a vantagem patrimonial obtida, mas exclusivamente como a poupança de despesas pelo enriquecido. O enriquecimento seria assim sempre definido através de um cálculo aritmético referido ao património do receptor e consequentemente deveria considerar-se no âmbito desse incremento patrimonial tudo o que tivesse sido obtido pelo próprio enriquecido após a deslocação patrimonial.[221]

Numa interpretação sistemática, o que se extrai do Código Civil brasileiro de 2002 é que o legislador adotou a concepção real como regra geral e abriu espaço para a concepção patrimonial em caráter subsidiário, sobretudo quando o passar do tempo indica que a adoção daquela primeira concepção pode ensejar imposição de obrigação excessiva ao *accipiens*.

É isso que se pode inferir do supracitado artigo 881 do Código Civil brasileiro de 2002, o qual estabelece que a repetição do indébito seja feita de acordo com o lucro, quando se trata de pagamento consistente em fazer ou não fazer.

O artigo 879 do referido diploma legal confirma isso ao dispor que a restituição de quem recebeu imóvel a título de pagamento indevido consiste na restituição do próprio bem, salvo se ele tiver sido alienado, caso em que a repetição se faz com base no valor recebido a título de pagamento pela alienação.

---

[221] LEITÃO, Luís Manuel Teles de Menezes. *Direito das obrigações*: Introdução. Da constituição das obrigações, cit., p. 444-445.

3.1.5. O Erro

A verificação do pagamento indevido em outros sistemas jurídicos permitiu que se conferisse que o erro não é requisito exigível em todos eles.

A exigência do erro é dada por Paulo, que no Digesto fez constar que *"cujus per errorem dati repetitivo est, ejus consulto dati donatio est"*.[222] Ou bem se pagou por erro e se tem direito à repetição, ou bem se fez uma doação.

O artigo 877 do Código Civil brasileiro de 2002 expressamente exige o erro para a configuração do pagamento indevido e, como visto em item anterior, não é a voluntariedade do suposto pagamento que pode alterar isso.

Num primeiro momento, poder-se-ia pensar que o erro de que se trata é o vício do consentimento previsto nos artigos 138 a 144 do Código Civil brasileiro de 2002, mas isso não é correto. De acordo com Cláudio Michelon Jr., a finalidade do erro invalidante não se confunde com a finalidade do erro que integra o pagamento indevido:

> O erro, na realização da 'prestação' que se constitui em pagamento indevido, não leva à prática de um ato jurídico orientado a gerar um certo conteúdo eficacial (criação de direitos ou de deveres); a prestação simplesmente objetiva solver a obrigação que o solvens crê existir. Não há ato de autonomia privada a preservar. Se o erro invalidante é pensado como uma forma de preservar a autonomia do errante (na medida em que não seja ele negligente com suas manifestações de vontade ou na medida em que não possa prejudicar terceiro de boa-fé), o erro no pagamento indevido é simplesmente uma forma de pré-excluir a gratuidade de uma prestação, já que, se a prestação foi praticada sem erro quanto à existência de uma dívida ou quanto à celebração de um contrato real, se poderia inferir que houve ato de mera liberalidade do solvens.
>
> Essa diferença estrutural tem uma consequência direta: os requisitos de escusabilidade e, a fortiori, de recognoscibilidade não são condições necessárias para que se configue o erro no pagamento indevido. Basta a substancialidade do erro, ou seja, basta que o solvens tenha uma representação

---

[222] CARVALHO SANTOS, J.M. de. op. cit., p. 408.

mental equivocada da realidade que causou a realização de uma 'prestação' que julga devida, mas que não o é.²²³

Realmente, não se observa qualquer fundamento que permita atribuir o mesmo conteúdo aos dois tipos de erro. Cada um deles se insere em um contexto jurídico – parte geral e direito das obrigações – e tem finalidade diversa – preservação da autonomia privada nos negócios jurídicos em geral e pré-exclusão da gratuidade da prestação.

O erro que integra o pagamento indevido é o erro sobre o motivo-causa, conforme classificação de Luis da Cunha Gonçalves, fazendo voltar à tona a discussão acerca da causa, analisada anteriormente. Segundo esse autor, a causa é o motivo ou fim que levou uma pessoa a realizar o ato jurídico ou a contrair a obrigação; é o fato ou a circunstância *sine qua non*, isto é, sem a qual a pessoa não faria o ato. Um ato jurídico pode, porém, ser originado por diversos motivos, e nem todos terão a categoria de causa, nem todos terão igual valor determinante. Os motivos-causa podem ser específicos, imediatos, essenciais, e assim constituírem a causa final ou próxima; outros são mediatos, secundários ou remotos, a causa da causa, em outros termos, isto é, o porquê do porquê.²²⁴

A questão da causa erroneamente compreendida pelo *solvens* que enseja o pagamento indevido é assim explicada por Carvalho Santos:

> o erro deve consistir precisamente em suppor existente uma divida que na realidade não existia, a elle equiparando-se, para taes effeitos, a duvida, bem como a ignorância de uma exceção, ou a crença de não poder provar (Cfr. WINDESCHEID, obr. cit. § 426; CARVALHO DE MENDONÇA, Obrigações, n. 274).²²⁵

Nesse diapasão, Judith Martins-Costa e Gustavo Haical afirmam que o erro de que trata o artigo 877 do Código Civil brasileiro de 2002 significa simplesmente uma falsa representação mental da realidade que esteja

---

²²³ MICHELON JR., Cláudio. op. cit., p. 146-147.
²²⁴ GONÇALVES, Luís da Cunha. *Princípios de direito civil luso-brasileiro*: parte geral. Dos direitos reais ou direitos sôbre as cousas. São Paulo: Max Limonad, 1951. v. 1, p. 220--222.
²²⁵ CARVALHO SANTOS, J.M. de. op. cit., p. 394.

casualmente conectada ao 'motivo jurídico da prestação'. A finalidade (caracterizar um dos elementos do dever de restituir, e não a de declarar a invalidade do negócio jurídico), o fundamento (ato não negocial, e não negócio jurídico), e os requisitos (apenas a substancialidade, e não esta mais a escusabilidade – ou, conforme alguns intérpretes a recognosbilidade – do erro) são absolutamente distintos entre ambas as figuras, a do art.877 e a do art.138 e ss. do CC/02.[226]

A propósito da escusabilidade ou não do erro, é de corroborar o entendimento doutrinário no sentido de que ele não é exigível não só porque o conteúdo do erro invalidante não se aplica ao artigo 877 do Código Civil brasileiro de 2002, mas também porque é uma característica exigido em outros diplomas legais, tal como o italiano, em seu artigo 2.036, de tal modo que se compreende que a *mens legis* foi a sua exclusão.[227]

No que concerne ao conteúdo da falsa representação mental da realidade entende-se que inexiste razão para limitá-la ao plano fático.[228] Trata-se de preceito básico de interpretação que onde a lei não diferencia não cabe ao intérprete diferenciar, de tal sorte que se a lei não sinaliza que o erro não pode ser jurídico, como a incorreta interpretação de uma cláusula contratual que acaba por ensejar um pagamento indevido, não há por que impedi-lo.

Questão interessante que se coloca neste mesmo contexto é se o pagamento feito com dúvida pode se equiparar ao erro para fins de restituição por conta do pagamento indevido.[229] A dúvida é um estado

---

[226] MARTINS-COSTA, Judith; HAICAL, Gustavo. Direito restitutório. Pagamento indevido e enriquecimento sem causa. Erro invalidante e erro elemento do pagamento indevido. Prescrição. Interrupção e dies a quo. *Revista dos Tribunais*, São Paulo, v. 104, n. 956, p. 273-274, jun. 2015.

[227] "Art. 2036. Indebito soggettivo.
Chi ha pagato un debito altrui, credendosi debitore in base a un errore scusabile, può ripetere ciò che ha pagato, sempre che il creditore non si sia privato in buona fede del titolo o delle garanzie del credito. Chi ha ricevuto l'indebito è anche tenuto a restituire i frutti e gli interessi dal giorno del pagamento, se era in mala fede, o dal giorno della domanda, se era in buona fede."

[228] TUHR, Andreas von. op. cit., p. 306.

[229] "Disputaram os jurisconsultos sobre caber, ou não, a repetição de indébito aos que pagarem, estando em duvida (mente titubante, incerto animo) sobre a existencia da obrigação. Decidindo a questão, ordenamos que a todos quantos, incertos sobre devel-a ou não, pagarem uma certa somma ou outra coisa – não pode ser inegada a restituição, nem se lhe pode oppôr presunção de transacção, salvo confissão expressa a respeito. Pro dubietate corum, quimente titubeante indebitam solverunt pecuniam, certâmen

psíquico que anima a pessoa e que compõe o elemento interno da vontade. Neste caso, ela consiste na incerteza acerca do pagamento ser devido ou não. Ao tender a pessoa por fazer o pagamento, é porque acreditou que ele seria devido, pois, do contrário, não o teria feito. Isso evidencia que está presente o erro como elemento caracterizador do pagamento indevido, mesmo que em termos anímicos a pessoa estivesse em dúvida em momento anterior ao pagamento.

Por fim, quanto à prova do erro, por certo que ela cabe ao *solvens*, afinal, trata-se de elemento constitutivo de seu direito à restituição. Isso não significa, contudo, que o ônus necessariamente tenha que ser imposto a ele.

Por primeiro, pois, tal como ocorre na França com relação ao indébito objetivo, é de se presumir presente o erro nessa hipótese.[230] Não existindo relação jurídica entre as partes e dependendo a doação do *animus donandi*, natural que o pagamento seja presumivelmente tido como indevido nesse quadro. Apesar de não se poder dizer que existe um posicionamento jurisprudencial predominante no Brasil acerca do tema, parece haver uma tendência a seguir a mesma linha de raciocínio.[231]

Por segundo, porque em razão da adoção da teoria da carga dinâmica das provas pelo Código de Processo Civil brasileiro de 2015, pode ser que se partilhe o ônus entre *solvens* e *accipiens*, ou mesmo se-lhe atribua integralmente ao *accipiens*.[232] Isso parece bem razoável, pois do artigo 114 do Código Civil brasileiro de 2002 se pode inferir que não se presume a

---

legumlatoribus incidit; id ne, quod ancipit animo persolxerunt, possint repetere an non. Quod non decidentes sanccimus omnibus, qui incerto animo indebitam dederunt pecuniam vel aliam quandam speciem persolverunt, repetitionem non denegari et proesumptionem transactionin aon contra eos induci, nisi hoc specialiter ab altera parte oppribetur – Const. do Imp. JUSTINIANO, no Cod. Lib., IV, tit. V, const. II". (CARVALHO SANTOS, J.M. de. op. cit., p. 410-411).

[230] Conforme explicitado no item 2.2.1.

[231] No item 4.2.7 será analisada a Súmula 322 do Superior Tribunal de Justiça, ocasião em que serão expostos os fundamentos de alguns acórdãos que levaram à edição do referido enunciado, alguns dos quais deixam entrever que é dispensável a prova do erro no caso de pagamento indevido (repetição do indébito) de natureza objetiva.

[232] Art. 373. *"O ônus da prova incumbe:*
I – ao autor, quanto ao fato constitutivo de seu direito;
II – ao réu, quanto à existência de fato impeditivo, modificativo ou extintivo do direito do autor.
§ 1º Nos casos previstos em lei ou diante de peculiaridades da causa relacionadas à impossibilidade ou à excessiva dificuldade de cumprir o encargo nos termos do caput ou à maior facilidade de obtenção da prova do fato contrário, poderá o juiz atribuir o ônus da prova de modo diverso, desde que o faça por

liberalidade. Ademais, as regras ordinárias de experiência indicam que as pessoas não dispõem de seu patrimônio gratuitamente à toa.

É o que inferem também Luis Diez-Picazo e Antonio Gallon, com relação ao artigo 1900 do Código Civil espanhol, ao dizerem que a falta de relação obrigatória entre *solvens* e *accipiens* é um fato negativo, não suscetível de prova por sua própria índole. Daí se transferir a carga da prova do fato positivo contrário (que exista essa relação) ao *accipiens*, que quer destruir essa presunção.[233]

3.2. As Espécies de Pagamento Indevido
3.2.1. Objetivo

Trata-se do pagamento indevido que é feito quando não há relação obrigacional, quer porque nunca houve, quer porque houve, mas foi extinta ou deixou de ter eficácia jurídica.[234]

No Brasil, nem o Código Civil de 1916, nem o atual Código Civil tratam especificamente dessa espécie de indébito. Por conta da exigência de erro no artigo 877 do Código Civil brasileiro de 2002, não há que se falar em indébito objetivo no direito civil pátrio.

Na Itália, o artigo 2.033 do Código Civil estabelece expressamente que o indébito objetivo é aquele que consiste no pagamento não devido e que, por isso, deve ser repetido.[235]

---

decisão fundamentada, caso em que deverá dar à parte a oportunidade de se desincumbir do ônus que lhe foi atribuído.

§ 2º A decisão prevista no § 1º deste artigo não pode gerar situação em que a desincumbência do encargo pela parte seja impossível ou excessivamente difícil.

§ 3º A distribuição diversa do ônus da prova também pode ocorrer por convenção das partes, salvo quando:

I – recair sobre direito indisponível da parte;

II – tornar excessivamente difícil a uma parte o exercício do direito.

§ 4º A convenção de que trata o § 3º pode ser celebrada antes ou durante o processo."

[233] DIEZ-PICAZO, Luis; GULLON, Antonio. *Sistema de derecho civil*, cit., v. 2, p. 465.

[234] NANNI, Giovanni Ettore. op. cit., p. 324; PEREIRA, Caio Mário da Silva. *Teoria geral das obrigações*. 23. ed. rev. e atual. por Guilherme Calmon Nogueira da Gama. Rio de Janeiro: Forense, 2010. p. 281.

[235] Art. 2033 – *"Indebito oggettivo*.

Chi ha eseguito un pagamento non dovuto ha diritto di ripetere ciò che ha pagato. Ha inoltre diritto ai frutti e agli interessi dal giorno del pagamento, se chi lo ha ricevuto era in mala fede, oppure, se questi era in buona fede, dal giorno della domanda."

3.2.2. Subjetivo

Trata-se do pagamento indevido que é feito no contexto de uma relação obrigacional que existe, mas para sujeito diverso. Em outras palavras, é o pagamento feito a quem não é o credor.

Justamente por estar a se tratar de dívida que existe, mas que o credor é outra pessoa que não aquela que recebeu a prestação é que Jean Carbonnier qualifica esse indébito subjetivo como relativo.[236]

No estrangeiro, merece destaque novamente o Código Civil italiano, que, em seu artigo 2.036, trata especificamente do indébito subjetivo, exigindo, para a sua configuração, a escusabilidade do erro.[237]

3.2.3. Quantitativo

Trata-se do pagamento para o *accipiens* em uma relação obrigacional, mas em valor superior ao devido. Noutros termos, é o pagamento feito com base em fonte obrigacional, havendo, portanto, causa para a realização da prestação. Todavia, por equívoco, feito a maior.

No que supera o limite da dívida, claro que está a se tratar de algo indevido, sem justa causa, pelo que é cabível a restituição.

Art.2.033 – Indébito objetivo
Aquele que fez um pagamento não devido tem direito de repetir o que pagou. Há também direito aos frutos (820 e seguintes) e aos lucros (1284) do dia do pagamento, se quem o recebeu estava de má-fé, ou, se estava de boa-fé (1147), do dia da demanda (Cof. Proc. Cível. 163) (trad. livre)

[236] CARBONNIER, Jean. *Droit civil*: les obligations, cit., p. 536.
[237] "Art. 2036. Indebito soggettivo.
Chi ha pagato un debito altrui, credendosi debitore in base a un errore scusabile, può ripetere ciò che ha pagato, sempre che il creditore non si sia privato in buona fede del titolo o delle garanzie del credito.
Chi ha ricevuto l'indebito è anche tenuto a restituire i frutti e gli interessi dal giorno del pagamento, se era in mala fede, o dal giorno della domanda, se era in buona fede."
Art. 2036. Indébito subjetivo
Quem pagou um débito a outrem, crendo-se devedor com base em um erro escusável, pode repetir o que pagou, sempre que o credor não privou-se, de boa-fé (1147), do título ou da garantia do crédito.
Quem recebeu o indébito também deve restituir os frutos (820 e seguintes) e os lucros (1284) do dia do pagamento, se estava de má-fé, ou do dia da demanda (Cod. Proc. Cív. 163), se estava de boa-fé (1147)
Quanto a repetição não é admitida, aquele que pagou sub-roga-se no direito do credor (1203 e seguintes) (trad. livre)

3.2.4. Temporal

Trata-se do pagamento para *accipiens* em uma relação obrigacional, mas antes da condição. É a hipótese do artigo 876, 2ª parte, do Código Civil brasileiro de 2002.

Havendo termo, não condição, a suspender a eficácia da obrigação, a situação é diferente. Isso porque o termo está relacionado a um evento futuro e certo, diferentemente da condição, cujo evento é futuro e incerto.

Por ser certo que o evento ocorreria, o prazo estipulado no termo se presume em favor do devedor, de tal sorte que, tendo ocorrido o pagamento antes de se tornar exigível, entende-se que houve renúncia ao prazo por parte dele.[238]

---

[238] *"Art. 131. O termo inicial suspende o exercício, mas não a aquisição do direito.*
Art. 133. Nos testamentos, presume-se o prazo em favor do herdeiro, e, nos contratos, em proveito do devedor, salvo, quanto a esses, se do teor do instrumento, ou das circunstâncias, resultar que se estabeleceu a benefício do credor, ou de ambos os contratantes."

Capítulo 4
Disciplina Legal do Pagamento Indevido no Brasil e a Repetição do Indébito

4.1. Disciplina Legal do Pagamento Indevido no Brasil
4.1.1. Antes do Advento do Código Civil de 1916

Prevalece na doutrina o entendimento de que a origem do instituto está na *condictio indebiti* do direito romano.[239] Ela era a *condictio* que sancionava a obrigação resultante do pagamento indevido, derivado de crença errônea no sentido de que se estava obrigado a prestar em favor de outrem.

---

[239] NANNI, Giovanni Ettore. op. cit., p. 319; MALUF, Carlos Alberto Dabus. Pagamento indevido e enriquecimento sem causa, cit., p. 116; MONTEIRO, Washington de Barros. *Curso de direito civil*: direito das obrigações: 1ª parte. São Paulo: Saraiva, 1987/1988. v. 4, p. 267; LOPES, Miguel Maria de Serpa. *Curso de direito civil*: fontes acontratuais das obrigações: responsabilidade civil, cit., v. 5, p. 105; LEITÃO, Luís Manuel Teles de Menezes. O enriquecimento sem causa no novo Código Civil brasileiro, cit., p. 29; NONATO, Orozimbo. *Curso de obrigações*: 2ª parte, cit., v. 2, p. 91-92. CARBONNIER, Jean. op. cit., p. 538. Pontes de Miranda afirma o seguinte: *"Problema que se tem de resolver em cada sistema jurídico é o da classificação do enriquecimento em virtude de ato jurídico anulado: a condição é indebiti, ou causa finita? Se se adota a concepção de que o ato jurídico anulável depende de decretação para que não seja e, por isso, não foi sem causa, mas pode vir a tornar-se sem causa, com a eficácia da sentença constitutiva negativa, tem-se que pensar em condictio ob causam finitam; se se adota a concepção de que o ato jurídico é ato jurídico inválido e, potencialmente, inexistente, cuja 'anulação' depende de sentença, tem-se de pensar em condictio indebiti"*. (MIRANDA, Francisco Cavalcanti Pontes de. *Tratado de direito privado*, cit., t. 26, 1958, p. 135).

Os requisitos da *conditio indebiti* eram os seguintes: a) pagamento; b) inexistência de relação jurídica entre as partes ou prestação que não condiz com aquela que é devida; c) pagamento derivado de fato escusável[240]; d) *accipiens* de boa-fé (se estiver de má-fé há *furtum* e a *condictio* passa a ser a *furtiva*); e) que a obrigação, malgrado inexistente, fosse sancionada por ação *crescit in duplum* – aquela em que se o réu falsamente negasse a dívida, pagaria o dobro do devido – ou que a obrigação fosse elimininável por meio de *exceptio perpetua* (exceção perpétua).[241]

Tendo se apresentado como hipótese do gênero enriquecimento sem causa desde o direito romano, o pagamento indevido se submeteu ao mesmo processo de desenvolvimento desse outro instituto ao longo dos tempos. No Ocidente, com a queda do império romano no século V d.C. e a consolidação do feudalismo, o direito romano praticamente desapareceu, sendo resgatado apenas no século XI d.C. a partir da Escola dos Glosadores, na Universidade de Bolonha. De outro lado, no Oriente, como a queda do império romano ocorreu somente no século XV d.C. e houve investimento na preservação do conhecimento antigo, o enriquecimento sem causa se solidificou como princípio geral.

Em termos modernos, o primeiro diploma de que se tem conhecimento com previsão específica acerca do pagamento indevido é o Código Civil francês de 1804, que em sua redação original estabelecia o seguinte:

> Art.1.376 – Celui qui reçoit par erreur ou sciemment ce qui ne lui est pas dû s'oblige à le restituer à celui de qui il l'a indûment reçu.[242]

---

[240] No que diz respeito ao erro, esclarece Serpa Lopes que *"no Direito Romano, prevalecia o critério subjetivo. Originário das Institutas de GAIO, refletiu-se, posteriormente, na seguinte regra: Et quidem, si quis indebitum ignorans solvit, per hanc actionem condicere potest; SED SI SCIENS de no debere solvit, CESSAT REPETITIO, isto é, na verdade, se por ignorância pagou a alguém o não devido, pode por esta ação (DE CONDICTIONE INDEBITI) reclamá-lo por condição; porém se pagou SABENDO QUE NÃO DEVIA, deixa de haver repetição (D. Liv. XII, tít. VI, 1, § 1º)"*. (LOPES, Miguel Maria de Serpa. *Curso de direito civil*: fontes acontratuais das obrigações: responsabilidade civil, cit., v. 5, p. 105).

[241] ALVES, José Carlos Moreira. *Instituições de direito romano*: B. parte especial: direito das obrigações; direito de família; direito das sucessões, cit., p. 262-263.

[242] Art.1.376 – Aquele que recebe por erro ou ciente de que não lhe é devido é obrigado a restituir aquilo que indevidamente recebeu. (trad. livre)

A disciplina do pagamento indevido no Código Civil francês influenciou diversos outros diplomas legais da época, sendo verificadas redações semelhantes no Código Civil italiano de 1865[243] e no Código Civil português de 1867.[244]

Em Portugal, país cuja legislação foi adotada no Brasil até o século XIX, ainda que de modo subsidiário, já se compreendia que o pagamento indevido gerava direito à repetição por parte do *solvens*, mesmo antes do advento do Código Civil de 1867, segundo Coelho da Rocha. Nessa época, em Portugal, aplicavam-se as Ordenações do Reino de 1603 (Filipinas) como fonte primária do direito e, como fontes subsidiárias, o direito romano, o direito canônico, as opiniões dos jurisconsultos e arestos, bem como as leis das nações modernas.[245]

Considerando esse panorama jurídico, de acordo com o referido autor, aquele que pagasse indevidamente uma obrigação, ou que realmente não existia, ou que se não devia (*condictio indebiti*), ou que era fundada

---

[243] "Art. 1.145. *Chi per errore o scientemente receve ciò che non gli è devuto, è obbligato a restituirlo a colui dal qual elo há indebitamente ricevuto*".
Art. 1.146. *Chi per errore si credeva debitore, quando abbia pagato il debito, ha il diritto dela ripetizione contro il creditore.*
Cessa però tale dititto, se il creditore in conseguenza del pagamento si è privato in buona fede del titolo e delle cautele relative al credito; nel qual caso è salvo a colui che há pagato, il regresso contro il vero debitore."
Art. 1.145. Quem por erro ou cientemente recebe o que não é devido, é obrigado a devolvê-lo para a pessoa de quem o indevidamente recebeu.
Art. 1.146 – Quem por erro acreditava ser devedor, quando havia pago a dívida, tem a repetição à repetição contra o credor.
Mas cessa tal direito, se o credor, em consequência do pagamento é privado de boa fé do título e das garantias relacionadas ao crédito; nesse caso é assegurado àquele que pagou o direito de regresso contra o verdadeiro devedor. (trad. livre)

[244] "Art. 758 – Quando, por erro de facto ou de direito, nos termos dos artigos 657º e seguintes, alguem paga o que realmente não deve, pôde recobrar o que houver dado, nos seguintes termos:
§ 1º. O que de má fé receber cousa indevida, deve restituil-a com perdas e damnos. Se a transmitiu a outrem, que fosse egualmente de má fé, pôde o lesado reivindicál-a. Mas, se o acquirente foi de boa fé, só o pôde reivindicar o lesado, tendo sido transferida por título gratuito, e achando-se o alheador insolvente.
§ 2º. Em quanto as bemfeitorias, observar-se-há o que fica disposto nos artigos 499º e seguintes".

[245] ROCHA, Manuel Antônio Coelho da. *Instituições de direito civil*. São Paulo: Saraiva, 1984. t. 1, p. 14-18.

em causa torpe ou ilícita (*ob turpem vel injustam causam*), ou que visava um fim que não se realizou (*causa data, causa non secuta*), ou, ainda, por outro motivo qualquer sem causa (*sine causa*), por ser nula ou injusta, tinha direito à restituição.[246]

No âmbito nacional, o pagamento indevido não constou da Consolidação das Leis Civis de Teixeira de Freitas,[247] nem no projeto de Felício dos Santos.[248] Há referência a ele no artigo 911 no projeto de Carlos de Carvalho, mas que não vingou.[249] Novamente, não há referência ao pagamento indevido no esboço de Código Civil de Teixeira de Freitas, que previu apenas o enriquecimento sem causa como fonte obrigacional no âmbito do direito restitutório.[250]

Conquanto não houvesse regra expressa acerca do pagamento indevido, adotava-se o enriquecimento sem causa como princípio, a fim de que se operasse a restituição em favor do *solvens* que se enganou, conforme explica Lourenço Trigo de Loureiro ao tratar dos quase-contractos no século XIX:

> Aos quase-contractos referem-se tambem principalmente as repetições, que os Romanos chamavão Condictiones; porquanto fundão-se na equidade natural.
>
> Aquelle pois, que por erro de facto, ou ignorância de direito pagou o que nem civil, nem naturalmente devida, pode repetil-o do aceitante com toda

---

[246] Id. Ibid., p. 79-80.

[247] TEIXEIRA DE FREITAS, Augusto. *Consolidação das Leis Civis*. Brasília-DF: Senado Federal, 2003.

[248] SANTOS, Joaquim Felício dos. *Projecto do Código Civil brasileiro e comentário*. Rio de Janeiro: Laemmert, 1884.

[249] Art. 911 – *O erro de facto ou de direito autorisa a repetição do indebito.*

§ *único – A solução do indébito comprehende o caso de pagamento ou seu equivalente, a prestação indevida de facto e a renúncia de direito.*" (CARVALHO, Carlos Augusto de. *Direito civil brasileiro recopilado*. Rio de Janeiro: Francisco Alves, 1899).

[250] Art. 3.400 – *De atos lícitos que não forem atos jurídicos, não derivarão obrigações singulares ou recíprocas senão nos casos especiais que a lei designa (art.436), e em geral nos que por interpretação extensiva se deduzirem das seguintes normas: 1º Cada um quer o que lhe é útil (art.2.698 e 2.699); 2º Ninguém deve locupletar-se sem justa causa com o prejuízo de terceiro; 3º Quem quer o projeto de um ato, sujeita-se às consequências dele*". (TEIXEIRA DE FREITAS, Augusto. *Esboço do Código Civil*. Brasília-DF: Ministério da Justiça; Fundação Universidade Brasília, 1983).

a causa; porquanto ninguem deve locupletar com o alheio, com detrimento ou injuria de seu dono.[251]

4.1.2. No Código Civil de 1916

O Código Civil de 1916 foi o primeiro diploma legal que disciplinou o instituto no Brasil e o fez entre os artigos 964 a 971, sendo de se destacar os dois primeiros preceitos normativos por serem aqueles que deixam entrever os requisitos do pagamento indevido:

> Art. 964. Todo aquele que recebeu o que lhe não era devido fica obrigado a restituir.
> A mesma obrigação incumbe ao que recebe dívida condicional antes de cumprida a condição.
>
> Art. 965. Ao que voluntariamente pagou o indevido incumbe a prova de tê-lo feito por erro.

De modo curioso, o pagamento indevido não foi tratado nesse diploma legal como fonte obrigacional derivada de ato unilateral, nem inserido como espécie do enriquecimento sem causa, tampouco qualificado como quase-contrato. Ele foi disposto como um efeito do pagamento feito sem causa jurídica, haja vista que inserto na Seção VII do Capítulo II (Do pagamento) do Título II (dos efeitos das obrigações).

Isso derivou do fato de Clovis Bevilaqua não acreditar que o instituto do enriquecimento sem causa estivesse suficientemente estruturado e pudesse ser disciplinado de forma dogmática com a precisão suficiente. A propósito dessa posição crítica do referido autor acerca da estruturação do instituto do enriquecimento sem causa, vale repisar trecho doutrinário no qual ele trata do assunto:

> Por mais que variemos as hyphoteses, veremos que o direito e a equidade se podem plenamente satisfazer, sem crearmos, nos Codigos Civis, mais esta figura de causa geradora de obrigação, ou seja uma relação obrigacional abstracta e genérica.

---

[251] LOUREIRO, Lourenço Trigo de. *Instituições de direito civil brasileiro*. 4. ed. Rio de Janeiro: B.L. Garnier, 1871. t. 2, p. 276.

Tem razão ENDEMANN quando pondera:' A maior dificuldade, para a exacta compreensão do conceito das condictiones, vem de que os casos particulares se fôram formando á medida que as necessidades praticas os ofereciam, e a equidade os reclamava, e de que eles se não deixam subordinar, em seu conjunto, a um principio unificador, nem abrange todas as necessidades.

E, se assim é, se não se póde numa formula geral, indicar quando o enriquecimento é injusto ou sem causa; se aqui fala mais alto a equidade para restabelecer o equilíbrio dos interesses e dar satisfacção aos reclamos da verdadeira justiça; e se, finalmente, os casos, que escapam ás applicações diversas das regras especiaes relativas ás variadas relações de direito, entram no circulo da restituição do pagamento indevidamente recebido, contentemo-nos com esta idéa, que é clara, segura e exacta.[252]

Deliberadamente, seguindo a orientação dogmática que acabou prevalecendo por ocasião da elaboração do Código Civil austríaco, Clovis Bevilaqua preferiu regular apenas o instituto do pagamento indevido, consoante se extrai da manifestação do autor à época:

Parecendo oferecer menor largueza de idéas, os códigos que deixam, á doutrina, a elaboração da teoria do enriquecimento injurídico, e apenas se ocupam do pagamento indevido como solução, feita por erro, de uma obrigação, que não existe, ao contrário attendem a todos os casos possiveis de condictiones sine causa, não forçam a natureza das coisas, tentando dar, aos fenômenos, a generalização, que não possuem, e os deixam manifestar-se no momento opportuno, no logar próprio, e com as suas feições peculiares.[253]

Para Orozimbo Nonato não se justificou tal opção, pois já não havia dúvida ou entredúvida acerca da relação de vizinhança entre o pagamento indevido e o enriquecimento sem causa, a ponto de haver inúmeros diplomas civis ao redor do mundo tratando daquele em meio a uma sistemática reguladora deste.[254]

---

[252] BEVILAQUA, Clovis. op. cit., p. 118.
[253] Id. Ibid., p. 116.
[254] NONATO, Orozimbo. op. cit., p. 84-85.

4.1.3. No Código Civil de 2002

O Código Civil brasileiro de 2002 inovou no que diz respeito ao tratamento dispensado ao instituto do pagamento indevido, pois o inseriu como fonte autônoma de obrigações, dentre os atos unilaterais, juntamente com a promessa de recompensa, a gestão de negócios e o enriquecimento sem causa.

Os dois principais artigos que disciplinam o instituto seguem abaixo:

> Art. 876. Todo aquele que recebeu o que lhe não era devido fica obrigado a restituir; obrigação que incumbe àquele que recebe dívida condicional antes de cumprida a condição.

> Art. 877. Àquele que voluntariamente pagou o indevido incumbe a prova de tê-lo feito por erro.

Da mera interpretação literal deles é possível inferir os pressupostos do pagamento indevido consistentes na ausência de obrigação (causa), na prestação feita a título de pagamento, na voluntariedade e no erro. Com as interpretações sistemática e teleológica esses pressupostos podem ser esmiuçados e ainda pode ser extraído o pressuposto do pagamento indevido consistente no aumento patrimonial do suposto credor como decorrência lógica da conduta positiva do suposto devedor.

Os artigos que se seguem àqueles tratam dos efeitos da incidência da norma, isto é, quais são as consequências que se verificam no caso de se fazer surgir a obrigação consistente no ato restitutório em tela. Esses efeitos serão analisados em seguida.

4.2. A Repetição do Indébito

Sendo o pagamento indevido uma fonte de obrigação que se classifica como ato restitutório, importa verificar agora o direito que deriva daquela. Dada a relação de continência entre o enriquecimento sem causa e o pagamento indevido, o que é mais relevante é informar o campo da ação de repetição de indébito em comparação com a ação de enriquecimento ou *actio in rem verso*.

De acordo com Giovanni Ettore Nanni, a ação de repetição de indébito é exercida apenas nas hipóteses dos artigos 876 a 883 do Código Civil brasileiro de 2002, nas quais necessariamente deve ter havido um pagamento desprovido de legitimidade. Forte em lição de Francesco Astone, ele salienta que a diferença do espaço de incidência dessa ação para o da ação de enriquecimento é bem clara:

> (...) a repetição pressupõe o fato objetivo de um pagamento sem causa, por isso o enriquecimento e o empobrecimento – ou seja, os resultados econômicos da prestação não devida – são irrelevantes, ao passo que esses dados propriamente caracterizam a ação de enriquecimento.
>
> Por outro lado, a ação de enriquecimento possui um espectro muito maior, sendo exercitável em qualquer circunstância em que o enriquecido obtenha uma vantagem indevida, sem contraprestação, decorrente de um pagamento, de uma economia de despesa, da violação de um direito, etc.[255]

Estabelecida essa diferença, o autor arremata afirmando que:

> (...) é equivocado inserir a ação de repetição de indébito na tipologia da pretensão de locupletamento injusto. Cada qual é uma fonte obrigacional, sendo a primeira mais específica, ao passo que a segunda é uma cláusula geral, um conceito aberto, permitindo o exercício em hipóteses ilimitadas, desde que, por natural, se enquadrem nos seus requisitos.[256]

Da lição supracitada se extrai que a repetição do indébito que deriva do pagamento indevido é limitada porque cinge-se ao que se pagou indevidamente, como regra geral, com os acréscimos legais.

Por derradeiro, cabe tratar apenas da legitimidade para requerer essa repetição. A rigor, esse direito é de quem efetuou o pagamento indevido. No entanto, excepcionalmente, há que ser aceita a tese defendida por Luis Diez-Picazo e Antonio Gullon no sentido de que a restituição seja feita em favor de outrem, mais especificamente do verdadeiro proprietário da coisa que foi entregue ao *accipiens* por parte de *solvens* que não era dono dela.

Segundo os referidos autores, não é válida a tese de que a restituição deva ser necessariamente feita a quem pagou o indevido; *"se o solvens pagou indevidamente por erro com coisa que não era de sua propriedade, a ação reivindicatória do proprietário não se detém"*.

---

[255] NANNI, Giovanni Ettore. *Enriquecimento sem causa*, cit., p. 321.
[256] NANNI, Giovanni Ettore. op. cit., p. 321.

Merece acolhida essa tese porque em se adotando a regra geral, sem se observar a peculiaridade da alienação *a non domino*, estar-se-ia privilegiando o direito de quem pagou o indevido, mesmo com coisa alheia, em detrimento do verdadeiro proprietário da coisa que teve desfalcado o seu patrimônio. Além disso, afastar-se-ia a possibilidade de resolução da questão jurídica de uma só vez, transferindo-se a quem de direito a coisa.[257]

4.2.1. Objeto da Repetição do Indébito

A prestação do pagamento indevido, em geral, corresponde a um dar, que tem por objeto um bem corpóreo ou incorpóreo. Neste caso, a repetição do indébito é o próprio bem transferido do *solvens* ao *accipiens*, conforme a concepção real do enriquecimento.[258]

Em se tratando de bem corpóreo e imóvel, mas que tenha sido transferido do *accipiens* para terceiro, diferencia o artigo 879 do Código Civil brasileito de 2002 entre a alienação a título oneroso e gratuito, num primeiro momento, e entre a boa-fé ou a má-fé, num segundo momento.

Tendo o *accipiens* alienado o imóvel a terceiro a título oneroso e com boa-fé, responde somente pela quantia recebida; tendo feito isso de má-fé, além do valor do imóvel, responde por perdas e danos (*caput*). De outro lado, se o imóvel foi alienado a título gratuito ou se o terceiro agiu de má-fé, o *solvens*, que pagou indevidamente, tem direito à restituição do imóvel.

Fica claro, portanto, que o legislador escolheu prestigiar a boa-fé em detrimento do direito de sequela do *solvens*, tanto que, afora a hipótese do *accipiens* ou do terceiro ter agido de má-fé, somente se aceita a extensão do direito de sequela em relação ao terceiro se o negócio foi gratuito, caso em que a reversão não causará prejuízo econômico-financeiro a quem quer que seja.[259]

---

[257] DIEZ-PICAZO, Luis; GULLON, Antonio. op. cit., p. 464-465.

[258] Tratou-se no item 3.1.4 das concepções real e patrimonial de enriquecimento.

[259] Washington de Barros Monteiro se manifesta em sentido oposto àquele adotado pela lei: "*Segundo pensamos, o citado art.968, aplica-se exclusivamente à hipótese de pagamento indevido, não se podendo estendê-lo às aquisições a non domino, a título oneroso, ainda que de boa-fé a terceiro adquirente. Nessa hipótese, o verdadeiro proprietário tem direito à reivindicação, e não apenas a ação de indenização contra o alienante. Mas essa questão continua sendo ainda das mais controvertidas em nosso direito*". (MONTEIRO, Washington de Barros. *Curso de direito civil*: direito das obrigações:

Nessa hipótese de reivindicação do imóvel em face do terceiro, dispunha o artigo 967 do Código Civil brasileiro de 1916 que o *accipiens* deveria assistir o proprietário na retificação do registro. Entretanto, embora estabelecesse um dever do *accipiens* para com o *solvens*, o Código Civil não esclarecia como é que isso deveria se dar, tampouco qual deveria ser a reação do *solvens* no caso de negativa daquele do *accipiens*.[260] Pela leitura do referido artigo 879, parágrafo único do Código Civil brasileiro de 2002, o *accipiens* não tem mais esse dever para com o *solvens* que pagou por erro, pois a ação de reivindicação pode ser ajuizada diretamente por ele contra o terceiro.[261]

A prestação do pagamento indevido também pode consistir em um fazer, como se infere do artigo 881 do Código Civil brasileiro de 2002, caso em que a repetição do indébito consistirá no lucro obtido

---

1ª parte. 22. ed. São Paulo: Saraiva, 1988. p. 271). Acerca do tema, vale acrescentar a posição externada na I Jornada de Direito Civil do Conselho da Justiça Federal – Enunciado 80: *"É inadmissível o direcionamento de demanda possessória ou ressarcitória contra terceiro possuidor de boa-fé, por ser parte passiva ilegítima diante do disposto no art. 1.212 do novo Código Civil. Contra o terceiro de boa-fé, cabe tão-somente a propositura de demanda de natureza real."*

[260] *"Realmente, si a acção de reivindicação somente pode ser intentada pelo titular do domínio, claro que, sem ter o imóvel, transcripto em seu nome, não poderá o solvens intentar a acção de reivindicação. Nas hyphoteses do art.968, § único, o solvens somente poderá intentar a acção de reivindicação si cumulada com a de rectificação do registro, de fôrma que, como consequencia da rectificação, possa ter o domínio, fundamento de sua acção.*
Quer dizer: a obrigação do accipiens de assistir á rectificação do registro não tem oportunidade de ser exigida, a não ser que seja elle tambem citado para figurar na acção de reivindicação cumulada com a de rectificação, ou senão quando o terceiro adquirente expontanea e amigavelmente tenha devolvido o immovel ao solvens, sem necessidade de acção de reivindicação, o que feito carecerá do complemento da rectificação do registro para que o immovel, realmente, passe novamente ao domínio do solvens" (CARVALHO SANTOS, J.M. de. *Código Civil brasileiro interpretado*, cit., v. 12, p. 418).

[261] Sem tratar da boa ou da má-fé do *accipiens*, o BGB apenas fez constar que, se o negócio é gratuito, a terceira pessoa que se beneficiou com a disposição *a non domino* é atingida pelo direito de sequela do proprietário, que é *solvens* que efetuou o pagamento indevido.
"§ 816 – *Disposition by an unauthorised person*
(1) If an unauthorised person disposes of an object and the decision is effective against the authorised person, then he is obliged to make restitution to the authorised person of what he gains by the disposal. If the disposition is gratuitous, then the same duty applies to a person who as a result of the disposition directly gains a legal advantage.
(2) If performance is rendered to an unauthorised person that is effective in relation to the authorised person, then the unauthorised person is under a duty to make restitution of the performance."

pelo *accipiens*, consoante concepção patrimonial do enriquecimento. É interessante observar esse efeito escolhido pelo legislador porque, como afirma Hamid Charaf Bdine Junior:

> essa indenização, porém, não será medida pela extensão dos prejuízos, mas pelo lucro obtido pelo credor. Assim, será identificado o valor da vantagem obtida pelo credor e este será o montante a indenizar ao devedor. Pode ocorrer, portanto, que o prejuízo do devedor ultrapasse o valor repetido, caso o fazer ou não fazer serja inferior, não produza ao credor vantagem ao menos igual à de suas despesas. Nessa hipótese, deixará de haver enriquecimento injusto do credor, que restituirá ao devedor o enriquecimento obtido. No entanto, não estará o devedor integralmente ressarcido dos danos suportados.[262]

Tratando-se de restituição que tem por objeto uma coisa que se perdeu, sem dúvida que a restituição deverá ser dar pelo equivalente, salvo se a perda se deu sem culpa do devedor, conforme artigos 238 e 239 do Código Civil brasileiro de 2002. Mas qual seria esse equivalente? O valor da coisa no momento do pagamento, o valor da coisa no momento do perecimento, ou o maior valor que a coisa alcançou desde a entrega.

Segundo Luis Diez-Picazo e Antonio Gallon, a rigor, deveria ser escolhida a primeira hipótese, a não ser que a coisa tenha valor variável no tempo e, enquanto esteve com o *accipiens*, valorizou-se ainda mais antes do perecimento. Nesse caso, o maior valor deveria ser escolhido, de acordo com a terceira hipótese, para evitar que o *solvens* sofresse um dano consistente em não poder beneficiar-se disso.[263]

Não se trata da escolha mais adequada, pois a principal diferença entre a obrigação derivada de ato restitutório e de responsabilidade civil é justamente a limitação existente na primeira de se reintegrar o patrimônio do prejudicado apenas e tão-somente com aquilo que ele havia pago indevidamente, nem mais nem menos. E a restituição se faz, a rigor, de acordo com a concepção real do enriquecimento, como visto, de tal maneira que é a vantagem que o suposto credor efetivamente teve que deve nortear a definição do objeto da restituição. Se o valor da coisa variou

---

[262] BDINE JUNIOR, Hamid Charaf. op. cit., p. 738.
[263] DIEZ-PICAZO, Luis; GULLON, Antonio. op. cit., p. 467.

no tempo, tendo aumentado após a entrega pelo *solvens*, mas diminuído posteriormente, é o último valor da coisa, aquele vigente à época do perdimento que deve ser escolhido para fins de restituição pelo equivalente. Tendo havido o perecimento, não há como se saber se a variação do valor da coisa persistiria no tempo e, por conseguinte, o enriquecimento real do *solvens* seria maior do que esse parâmetro.

4.2.2. Causas Extintivas do Direito de Repetição do Indébito

O Código Civil brasileiro de 2002 definiu essas hipóteses em três artigos, praticamente repetindo os dois que existiam no Código Civil de 1916.

Em primeiro lugar, reza o artigo 880 do referido diploma legal que "fica isento de restituir pagamento indevido aquele que, recebendo-o como parte de dívida verdadeira, inutilizou o título, deixou prescrever a pretensão ou abriu mão das garantias que asseguravam seu direito; mas aquele que pagou dispõe de ação regressiva contra o verdadeiro devedor e seu fiador."

Comentando o artigo correspondente no Código Civil brasileiro de 1916, Carlos Alberto Dabus Maluf explica o sopesamento de interesses feitos pelo legislador pátrio:

> Interpretando o artigo, podemos dizer que o credor ao receber pagamento de outra pessoa, que não seu devedor, o fez por conta de dívida verdadeira e inutilizou o título que a representava, não pode ser compelido a repetir. Em outras palavras, não precisa devolver o pagamento. Na verdade, recebeu o indevido, pois quem pagou nada lhe devia.
>
> Inutilizando o título, privou-se o *accipiens* da prova de exercer o seu direito, perdendo, quiçá, a possibilidade de o fazer valer contra o verdadeiro devedor. Entre o interesse do solvens, que pagou por erro e o do accipiens, cujo comportamento não deve ser condenado, preferiu a lei defender os interesses do último, permitindo-lhe conservar o que recebeu.[264]

A parte final do dispositivo não pode ser desprezada, pois sinaliza que o *solvens* tem direito de ser reembolsado por parte do verdadeiro devedor do *accipiens* e que acabou sendo beneficiado com o pagamento indevido.

---

[264] MALUF, Carlos Alberto Dabus. op. cit., p. 125.

Nesse caso, tratando-se de obrigação fundada no enriquecimento sem causa do verdadeiro devedor do *accipiens*, a ação que o *solvens* tem para com ele é a *actio in rem verso*.

Trata-se de solução legislativa idêntica àquela que se verifica no Código Civil francês.[265] Mas como salienta Carlos Alberto Dabus Maluf, nesse aspecto o Código Civil italiano ampara melhor o *solvens*, pois em vez de colocar à disposição dele apenas a *actio in rem verso*, faz com que fique sub-rogado nos direitos do *accipiens*.[266]

Em segundo lugar, dispõe o artigo 882 do Código Civil brasileiro de 2002 que *"não se pode repetir o que se pagou para solver dívida prescrita, ou cumprir obrigação judicialmente inexigível."* Esse preceito normativo está a tratar, em ordem, da obrigação natural e da obrigação inexigível por questões relacionadas à sua eficácia, tal como se dá no caso de não implemento de condição suspensiva ou termo.

É hipótese que encontra previsão também em outros diplomas legais, tal como no Código Civil italiano:

> Art. 2034. Obbligazioni naturali.
> Non è ammessa la ripetizione di quanto è stato spontaneamente prestato in esecuzione di doveri morali o sociali, salvo che la prestazione sia stata eseguita da un incapace.

---

[265] Á época em que escrito o artigo em tela, referia-se o autor ao art.1.377 do Código Civil francês, cuja redação é a seguinte:
"Art. 1.377 – Lorsqu'une personne qui, par erreur, se croyait débitrice, a acquitté une dette, elle a le droit de répétition contre le créancier. Néanmoins, ce droit cesse dans le cas où le créancier a supprimé son titre par suite du paiement, sauf le recours de celui qui a payé contre le véritable débiteur."
Art. 1.377 – Quando uma pessoa que, por erro, se acreditava devedora, pagou uma dívida, ela tem o direito de repetição contra o credor. No entanto, este direito cessa no caso do credor ter suprimido seu título após o pagamento, exceto o recurso de quem pagou contra o verdadeiro devedor. (trad. livre)
Com a alteração procedida pelo legislador em 2016, esse artigo, com a mesma redação, passou a constar do artigo 1.302-2.

[266] MALUF, Carlos Alberto Dabus. op. cit., p. 126.
"Art. 2036. Indebito soggettivo. (...)
Quando la ripetizione non è ammessa, colui che ha pagato subentra nei diritti del creditore."
Art. 2036. Indébito subjetivo (...)
Quanto a repetição não é admitida, aquele que pagou sub-roga-se no direito do credor (1203 e seguintes) (trad. livre)

I doveri indicati dal comma precedente, e ogni altro per cui la legge non accorda azione ma esclude la ripetizione di ciò che è stato spontaneamente pagato, non producono altri effetti.[267]

Por conta da ausência de responsabilidade a caracterizar as hipóteses mencionadas nos referidos artigos é que, comentando o preceito normativo do Código Civil brasileiro de 1916, que tinha redação semelhante, Orlando Gomes assevera que *"a regra deveria estender-se ao pagamento feito por um simples dever de consciência. Realmente, não se justificaria que o direito assegurasse a alguém meios para retomar o que entregou, sabendo que a isso não estava juridicamente obrigado."*[268]

Analisando a mesma hipótese em tela no Código Civil português, Antunes Varela faz apenas um alerta, para que não se faça a aplicação inadequada da norma. Com efeito, ele diz que *"é mister que o dever moral ou social exista realmente e que ele recaisa sobre o solvens. De contrário, também poderá ser repetida a prestação efectuada na intenção de cumprir a obrigação natural".*[269]

A terceira e última causa extintiva se encontra no artigo 883 do Código Civil brasileiro de 2002, que estabelece que *"não terá direito à repetição aquele que deu alguma coisa para obter fim ilícito, imoral, ou proibido por lei.".*[270]

No Direito Romano a regra era invertida. O *accipiens* era obrigado a restituir o que recebera por causa imoral: *quod si turpis accipiens fuerit, etiam res secuta, sit, repeti potest* (D. 12, 5, fr. 1, § 2). O Código Civil alemão, no seu parágrafo 817, seguiu essa regra do Direito Romano, seguindo corrente no sentido de que a nulidade do contrato ilícito, imoral ou

---

[267] "Art. 2034. Obrigação natural.
Não é admitida a repetição do que foi espontaneamente prestado em execução de dever moral ou social, salvo se a prestação tenha sido realizada por um incapaz. O dever estabelecido no parágrafo anterior, ou qualquer outro para o qual a lei não conceda ação, mas exclui a repetição do que foi pago espontaneamente, não produz outros efeitos ". (trad. livre)

[268] GOMES, Orlando. *Obrigações*. 8. ed. Rio de Janeiro: Forense, 1992. p. 301-302.

[269] VARELA, João de Matos Antunes. *Das obrigações em geral*, cit., 1970, p. 342.

[270] Código Civil de 1916 – "Art. 971. *Não terá direito a repetição aquele que deu alguma coisa para obter fim ilícito, imoral, ou proibido por lei."*

proibido por lei deve ensejar a recolocação das partes ao estado anterior à convenção.[271]

Todavia, o sistema jurídico pátrio seguiu linha oposta, não admitindo a restituição, como fazia o artigo 971 do Código Civil brasileiro de 1916. É a mesma linha seguida pelo Código Civil italiano[272] e pelo Código Suíço de Obrigações.[273]

Comentando o artigo do Código Civil brasileiro de 1916, Carvalho Santos afirma que a escolha brasileira foi feliz porque ao negar efeito aos atos ilícitos, imorais ou contrários à lei, refere-se ao proprio contrato, não ao pagamento, que é uma distinção que precisa ser feita.[274] Já tendo havido o pagamento, o fim ilícito, imoral ou contrário à lei, que se pretendia evitar, não tem mais sentido. Postas as coisas desta maneira, melhor que se deixe que permaneçam como estão, vedando-se a restituição, pois, do contrário, sendo ela permitida, quem efetuou o pagamento estaria se beneficiando da própria torpeza.

---

[271] *"§ 817 Verstoß gegen Gesetz oder gute Sitten*
War der Zweck einer Leistung in der Art bestimmt, dass der Empfänger durch die Annahme gegen ein gesetzliches Verbot oder gegen die guten Sitten verstoßen hat, so ist der Empfänger zur Herausgabe verpflichtet. Die Rückforderung ist ausgeschlossen, wenn dem Leistenden gleichfalls ein solcher Verstoß zur Last fällt, es sei denn, dass die Leistung in der Eingehung einer Verbindlichkeit bestand; das zur Erfüllung einer solchen Verbindlichkeit Geleistete kann nicht zurückgefordert werden."
§ 817 Violação de lei ou ordem pública
Se a finalidade da prestação foi determinada de tal forma que o destinatário, ao aceitá-la, estava violando uma proibição estatutária ou uma política pública, então o destinatário é obrigado a restituir. O pedido de restituição é excluído se a pessoa que realizou a prestação também for culpada de tal violação, a menos que a execução consistisse em assumir uma obrigação. A restituição não pode ser exigida de qualquer prestação realizada em cumprimento de tal obrigação. (trad. livre)

[272] *"Art. 2035 – Prestatione contraria al buon costume.*
Chi ha eseguito una prestazione per uno scopo che, anche da parte sua, costituisca offesa al buon costume non può ripetere quanto ha pagato."
Art. 2.035 – Prestação contrária ao bom costume.
Quem realizou uma prestação por um escopo que, de sua parte, constitua ofensa ao bom costume, não pode repetir o que pagou. (trad. livre)

[273] *"Art. 66 – Il n'y a pas lieu à répétition de ce qui a été donné en vue d'atteindre un but illicite ou contraire aux moeurs."*
Art. 66 – Não tem lugar a repetição do que se realizou em vista de atender um objetivo ilícito ou contrário aos bons costumes. (trad. livre)

[274] CARVALHO SANTOS, J.M. de. op. cit., p. 434-435.

Sobre a omissão de norma regente da hipótese no Código Civil francês, o que não pode deixar de causar surpresa, Serpa Lopes afirma que formaram-se duas correntes de interpretação: uma, dos partidários da aplicação da máxima de que ninguém poderia se beneficiar da própria torpeza, entendia que se tratava de princípio geral de direito que representava interesse social e que estava ligado à dignidade da própria magistratura; outra, dos contrários à referida aplicação, enfatizavam a aparente opção da lei pela não inclusão da regra.[275]

Importante salientar, contudo, que essa regra merece especial atenção do intérprete para que não se barre a utilização da ação de repetição de modo incorreto. O que a lei visa impedir, em atenção ao adágio *nemo auditur propriam turpitudinem allegans* é que o empobrecido, ciente da imoralidade ou da ilicitude, recupere o que perdeu. Mas, para tanto, por óbvio, relevante constatar a sua ciência acerca dessa imoralidade ou ilicitude.

Precisamente por conta disso, aliás, é que o Código Civil brasileiro de 2002 inovou e estabeleceu no parágrafo único do referido artigo 883 que, nessa hipótese, o valor da repetição de indébito não deve ficar com nenhuma das partes. Notando o juiz que ambas atuaram de modo antijurídico, deve definir um estabelecimento local de beneficência para ficar com o montante.

A propósito dessa inovação legislativa, Caio Mário faz crítica dizendo que seria o caso de rejeitar a ação ou extingui-la por não caber ao juiz discutir dentro da iliceidade.[276]

Outra causa extintiva do direito de repetição, mas aplicável apenas no âmbito do direito público, mais especificamente aos pagamentos feitos a servidores públicos, é a boa-fé objetiva do *accipiens* no caso de erro de direito da Administração Pública. Consoante entendimento pacífico do Superior Tribunal de Justiça, exposto em recurso repetitivo, caso tenha havido pagamento indevido ao servidor público que estava de boa-fé, por conta de interpretação e aplicação equivocadas da lei por parte da Administração Pública, não pode haver restituição.

---

[275] LOPES, Miguel Maria de Serpa. *Curso de direito civil*: obrigações em geral. Rio de Janeiro: Livr. Freitas Bastos, 1961. v. 2, p. 90-95.
[276] PEREIRA, Caio Mário da Silva. *Teoria geral das obrigações*, cit., p. 288.

ADMINISTRATIVO. RECURSO ESPECIAL. SERVIDOR PÚBLICO. ART. 46, CAPUT, DA LEI N. 8.112/90 VALORES RECEBIDOS INDEVIDAMENTE POR INTERPRETAÇÃO ERRÔNEA DE LEI. IMPOSSIBILIDADE DE RESTITUIÇÃO. BOA-FÉ DO ADMINISTRADO. RECURSO SUBMETIDO AO REGIME PREVISTO NO ARTIGO 543-C DO CPC.

1. A discussão dos autos visa definir a possibilidade de devolução ao erário dos valores recebidos de boa-fé pelo servidor público, quando pagos indevidamente pela Administração Pública, em função de interpretação equivocada de lei.

2. O art. 46, caput, da Lei n. 8.112/90 deve ser interpretado com alguns temperamentos, mormente em decorrência de princípios gerais do direito, como a boa-fé.

3. Com base nisso, quando a Administração Pública interpreta erroneamente uma lei, resultando em pagamento indevido ao servidor, cria-se uma falsa expectativa de que os valores recebidos são legais e definitivos, impedindo, assim, que ocorra desconto dos mesmos, ante a boa-fé do servidor público.

4. Recurso afetado à Seção, por ser representativo de controvérsia, submetido a regime do artigo 543-C do CPC e da Resolução 8/STJ.

5. Recurso especial não provido."

(STJ – 1ª Seção, REsp 1244182 / PB, rel. Min. Benedito Gonçalves, j. 10/10/2012)

Esse posicionamento jurisprudencial merece destaque menos pela menção à boa-fé, pois trata-se da boa-fé subjetiva, não da objetiva, esta sim principio atinente com os pagamentos; e mais porque demonstra que mesmo fora do âmbito das causas extintivas legalmente previstas, é dado ao intérprete e, sobretudo, ao aplicador da lei, em situações específicas de conflitos de valores, sopesá-los, de modo a que o direito à repetição do indébito seja limitado.

Afora essas causas previstas no bojo do próprio regramento do pagamento indevido do Código Civil brasileiro de 2002, também perde o *solvens* o direito à repetição do indébito se, conforme o artigo 238 do mesmo diploma legal acima, a coisa entregue por ele ao *accipiens* se perder, sem culpa dele, antes da tradição, isto é, da efetiva restituição do *accipiens* em favor do *solvens*. Não perde esse direito o *solvens* se a perda da coisa antes da tradição se dá por culpa do *accipiens*, caso em que ele responderá pelo equivalente, mais perdas e danos, de acordo com o artigo 239 do referido diploma legal.

4.2.3. Prescrição

A prescrição é instituto destinado a preservar a segurança jurídica, pois impede que situações de indefinição se estendam no tempo, causando justamente a insegurança quanto aos direitos e deveres das pessoas.[277]

Dispõe o artigo 189 do Código Civil brasileiro de 2002 que violado o direito, nasce para o seu titular a pretensão, a qual se extingue, pela prescrição, nos prazos a que aludem os artigos 205 e 206.

A pretensão de que se trata corresponde ao que Savigny denominava ação em sentido estrito substancial ou material, em contraposição à ação em sentido formal ou processual.[278] Ao que se compreende da leitura da Exposição de Motivos do referido diploma legal, foi essa a ideia predominante:

> 19. Ainda a propósito da prescrição, há um problema terminológico digno de especial ressalte. Trata-se de saber se prescreve a ação ou a pretensão. Após amadurecidos estudos, preferiu-se a segunda solução, por ser considerada a mais condizente com o Direito Processual contemporâneo, que de há muito superou a teoria da ação como simples projeção de direitos subjetivos. É claro que nas questões terminológicas pode haver certa margem de escolha opcional, mas o indispensável, num sistema de leis, é que, eleita uma via, se mantenha fidelidade ao sentido técnico e unívoco atribuído às palavras, o que se procurou satisfazer nas demais secções do Anteprojeto.[279]

---

[277] ESPÍNOLA, Eduardo. *Sistema de direito civil*. Rio de Janeiro: Ed. Rio, 1977. p. 613-614.
[278] ALVES, José Carlos Moreira. *A parte geral do projeto de Código Civil brasileiro*: subsídios históricos para o novo Código Civil brasileiro, cit., p. 157.
[279] EXPOSIÇÃO de Motivos do Supervisor da Comissão Revisora e Elaboradora do Código Civil, Doutor Miguel Reale, datada de 16 de janeiro de 1975. *Revista da EMERJ*, n. esp. 2003, Anais dos Seminários EMERJ Debate o Novo Código Civil, parte I, fevereiro a junho 2002. p. 21. Disponível em: <http://www.emerj.tjrj.jus.br/revistaemerj_online/edicoes/anais_ono-vocodigocivil/anais_especial_1/Anais_Parte_I_revistaemerj_9.pdf>. Acesso em: 18 jul. 2017.

4.2.3.1. Termo Inicial

Consoante Agnelo Amorim Filho, o termo inicial da prescrição se verifica pelo nascimento da pretensão, conforme teoria da *actio nata*, que se caracteriza por dois elementos: a) a existência de um direito atual, suscetível de ser reclamado em juízo, e; b) a violação desse direito.[280] É a teoria aceita na jurisprudência.[281]

Interessante observar que o Código Civil português estabelece dois prazos distintos para o enriquecimento sem causa, que é o instituto maior em que se insere o pagamento indevido, no seu artigo 482. Há o prazo de 3 anos, a contar da data em que o credor teve conhecimento do direito que lhe compete e da pessoa do responsável. São requisitos cumulativos.[282] E há o prazo de 20 anos, (art.309) ordinário, que se conta a partir do momento em que ocorre o enriquecimento, independentemente do prejudicado tomar ciência do fato e de quem é o responsável pela restituição.

Pois bem, o termo inicial da prescrição da pretensão do *solvens* que efetuou o pagamento indevido depende da conjugação de dois fatores: o pagamento do suposto devedor que acarreta o aumento patrimonial do suposto credor e a definição acerca da ausência de causa jurídica a justificá-lo.

Como foi visto anteriormente, a ausência de obrigação pode ser constatada antes, durante ou depois do pagamento indevido. Sendo constatada antes ou em concomitância com o pagamento indevido, não há muita dúvida acerca de quando surge a pretensão do *solvens*, eis que no próprio momento do pagamento há a ofensa ao seu direito.

A questão mais intrincada se verifica quando a ausência de causa jurídica ocorre posteriormente ao pagamento indevido, já que dois termos

---

[280] AMORIM FILHO, Agnelo. Critério científico para distinguir a prescrição da decadência e para identificar as ações imprescritíveis. *Revista de Direito Processual Civil*, São Paulo, v. 3, p. 95-132, jan./jun. 1961. p. 10. Disponível em: <http://www.direitocontemporaneo.com/wp-content/uploads/2014/02/prescricao-agnelo1.pdf>. Acesso em: 26 nov. 2016.

[281] STF – 2ª T., ARE 661922 AgR / SC, rel. Min. Ayres Britto, j. 13/12/2011, DJE 16/02/2012; STF – 1a T., AI 721008 AgR / SP, rel. Min. Menezes Direito, j. 07/04/2009, DJE 21/05/2009; STJ – 1a Seção, REsp 1270439 / PR, re. Min. Castro Meira, j. 26/06/2013, DJE 02/08/2013; STJ – 2ª Seção, REsp 1112474 / RS, rel. Min. Luis Felipe Salomão, j. 28/04/2010, DJE 11/05/2010).

[282] COSTA, Mário Júlio de Almeida. op. cit., p. 515.

iniciais parecem possíveis nessa situação: a data do próprio pagamento indevido ou a data em que definida a questão relativa à ausência de causa jurídica, com a extinção do contrato ou a invalidação da cláusula contratual que previa a obrigação.

Embora nessa segunda hipótese a restituição do pagamento indevido possa ocorrer pela simples extinção contratual ou invalidação de sua cláusula, independentemente de se recorrer ao instituto do pagamento indevido, é importante analisar o termo inicial da prescrição quando se trata disso porque a subsidiariedade do pagamento indevido é abstrata.[283] Sendo assim, acaso não ocorra ofensa ao sistema jurídico, nada impede que a parte busque a repetição do indébito com base no pagamento indevido, usando a invalidade da cláusula contratual ou a causa de extinção do contrato apenas como meio para esse fim.

A primeira opção de nascimento da pretensão do *solvens* à restituição do que pagou indevidamente não se mostra correta. Conforme salientam Judith Martins-Costa e Gustavo Haical, da doutrina se colhe que, embora a prescrição se funde na inércia, "*a inércia a ser punida não significa todo e qualquer fato da inatividade. Trata-se, mais propriamente, da inércia como não atividade quando esta pode ser desempenhada (...)*."[284]

Serpa Lopes manifesta-se no mesmo sentido dizendo que a prescrição, para ser reconhecida, depende da presença de três elementos, quais sejam: a) direito prescritível; b) possibilidade jurídica do exercício da ação inerente ao direito prescritível; c) o decurso de certo lapso de tempo.[285]

Por esse ponto de vista, não tem qualquer sentido em dar por prescrita a pretensão do *solvens* à restituição do que pagou indevidamente, sem que sequer se tenha definido a ausência de obrigação. Não há que se falar em inércia no tocante à restituição se a obrigação ainda existe juridicamente e tem eficácia. No contexto em tela, destarte, é a segunda opção de contagem do prazo prescricional que deve prevalecer, isto é, o termo inicial da prescrição é a superveniente extinção da causa jurídica que justificava o pagamento indevido.

---

[283] A questão foi analisada com mais profundidade no item 3.1.1.2.
[284] MARTINS-COSTA, Judith; HAICAL, Gustavo. op. cit., p. 297.
[285] LOPES, Miguel Maria de Serpa. *Curso de direito civil*: introdução, parte geral e teoria dos negócios jurídicos. 3. ed. Rio de Janeiro: Livr. Freitas Bastos, 1960. v. 1, p. 583.

Por derradeiro, cabe observar que o Superior Tribunal de Justiça distingue a natureza do contrato, se de trato sucessivo ou de execução imediata ou diferida, para a definição acerca do início da contagem do prazo prescricional:

> (...) 4. É da invalidade, no todo ou em parte, do negócio jurídico, que nasce para o contratante lesado o direito de obter a restituição dos valores pagos a maior, porquanto o reconhecimento do caráter ilegal ou abusivo do contrato tem como consequência lógica a perda da causa que legitimava o pagamento efetuado. A partir daí fica caracterizado o enriquecimento sem causa, derivado de pagamento indevido a gerar o direito à repetição do indébito (arts. 182, 876 e 884 do Código Civil de 2002).
> (...) 9. A pretensão de repetição do indébito somente se refere às prestações pagas a maior no período de três anos compreendidos no interregno anterior à data do ajuizamento da ação (art.206, § 3º, IV, do CC/2002; art.219, caput, e § 1º, CPC/1973; art. 240, § 1º, do CPC/2015) (...)
> (Recurso Repetitivo – Tema 610 – STJ – 2ª Seção – REsp 1360969 / RS, rel. p/ o acórdão Min. Marco Aurélio Bellizze, j. 10/08/2016)

Essa distinção se mostra adequada quando se trata de prescrição porque assim se preserva, tanto quanto possível, a segurança jurídica do negócio jurídico, cujos efeitos foram se consolidando com o passar do tempo. É a mesma solução que se adota quando se trata dos efeitos da anulação do contrato, se *ex tunc* ou *ex nunc*, a teor do artigo 182 do Código Civil brasileiro de 2002. Em regra, sendo o contrato de trato sucessivo, a anulação é *ex nunc*; sendo de execução imediata ou diferida, a anulação é *ex tunc*.

4.2.3.2. Prazo

Restringindo-se o campo de análise aos prazos previstos no Código Civil brasileiro de 2002, tem-se que o prazo de 3 anos previsto no artigo 206, § 3º, inciso IV do referido diploma, referente ao enriquecimento sem causa, não se aplicaria ao pagamento indevido.

Independentemente de se entender que, em termos dogmáticos, o pagamento indevido deva ser considerado como espécie do gênero enriquecimento sem causa, mais precisamente um enriquecimento sem causa por prestação, a partir do momento em que o legislador optou expressamente por diferenciar os dois institutos no âmbito dos atos unilaterais de vontade geradores de obrigações, por certo que não se poderia desprezar isso para unificar o prazo prescricional de ambos sob a rubrica genérica do enriquecimento sem causa.

Outros institutos jurídicos também se inserem na generalidade do enriquecimento sem causa, como a gestão de negócios e a restituição daquilo que é pago durante a vigência do contrato que depois acabou sendo invalidado, de tal modo que a expansão preconizada acima acabaria por abarcar no artigo 206, § 3º, inciso IV, do Código Civil brasileiro toda e qualquer hipótese que se insira nesse gênero.

Ao se alargar o campo de incidência do referido artigo, por via oblíqua, também se estende o próprio alcance do instituto, o que não se poderia permitir, haja vista que o próprio legislador, no artigo 886 do Código Civil brasileiro de 2002, foi claro no sentido de que o enriquecimento sem causa, como fonte obrigacional, tem caráter subsidiário, o que, como já foi visto, também se aplica ao pagamento indevido, sem bem que, em ambos os casos, a subsidiariede é abstrata, não concreta.

Com esse entendimento também se caminha contra a operabilidade, indicada por Miguel Reale com um dos três vetores do projeto de Código Civil brasileiro de 2002.[286] Justamente no campo em que esse vetor mais foi útil, acabando com dúvidas acerca da diferença entre prazos de prescrição e decadência, acaba por se entronizar discussão desnecessária.

Diz-se desnecessária porque, afora tudo o que foi dito acima, defendia a doutrina que o prazo fosse de 10 anos, nos termos do artigo 205 do supracitado diploma legal, à míngua de prazo específico.[287]

No entanto, no mesmo julgado trazido no item anterior, o Superior Tribunal de Justiça não só definiu o termo inicial do prazo de prescrição, mas indicou o prazo de 3 anos do artigo 206, § 3º, inciso IV do Código Civil brasileiro de 2002. Nesse sentido:

> (...) 3. Cuidando-se de pretensão de nulidade de cláusula de reajuste prevista em contrato de plano ou seguro de assistência à saúde ainda vigente, com a consequente repetição do indébito, a ação ajuizada está fundada no enriquecimento sem causa e, por isso, o prazo prescricional é o trienal de que trata o art. 206, § 3º, IV, do Código Civil de 2002.

---

[286] REALE, Miguel. *História do novo Código Civil*, cit., p. 40.
[287] MICHELON JR., Cláudio. op. cit., p. 129.

(...) 8. Tanto os atos unilaterais de vontade (promessa de recompensa, arts.854 e ss.; gestão de negócios, arts.861 e ss; pagamento indevido, arts.876 e ss; e o proprio enriquecimento sem causa, arts.884 e ss.) como os negociais, conforme o caso, comportam o ajuizamento de ação fundada no enriquecimento sem causa, cuja pretensão está abarcada pelo prazo prescricional trienal previsto no art.206, § 3º, IV, do Código Civil de 2002. (...)

(Recurso Repetitivo – Tema 610 – STJ – 2ª Seção – REsp 1360969 / RS, rel. p/ o acórdão Min. Marco Aurélio Bellizze, j. 10/08/2016)

Tratando-se de recurso repetitivo, que tinha por finalidade orientar todos os órgãos judiciários acerca da melhor interpretação da lei federal, consoante sistemática vigente na época em que vigorava o Código de Processo Civil de 1973, o que se conclui, em termos processuais, é que a questão está resolvida. Em termos dogmáticos, todavia, ela continua em aberto, pois as críticas supracitadas continuam a se mostrar procedentes, sobretudo porque ao estipular um prazo único de 3 anos para o pagamento indevido e para o enriquecimento sem causa, acaba-se por tornar inútil aquele instituto. Tendo sido destacado o pagamento indevido do enriquecimento sem causa, era o caso de ser mantido o prazo geral de 10 anos de prescrição para aquele.

4.2.4. Frutos, Acessões, Benfeitorias e Deteriorações

O pagamento indevido tem como um de seus pressupostos o aumento patrimonial do suposto credor. Sucede que todos os direitos são suscetíveis de variação no seu valor.[288] Justamente em razão disso é que dispõe o artigo 878 do Código Civil brasileiro o seguinte: *"Aos frutos, acessões, benfeitorias e deteriorações sobrevindas à coisa dada em pagamento indevido, aplica-se o disposto neste Código sobre o possuidor de boa-fé ou de má-fé, conforme o caso."*

Trata-se de regra que repete o que dispunha o artigo 966 do Código Civil brasileiro de 1916 e que encontra semelhança também no artigo 2.033 do Código Civil italiano.[289]

---

[288] NANNI, Giovanni Ettore. *Enriquecimento sem causa*, cit., p. 237.
[289] *"Art. 2033. Indebito oggettivo.*
Chi ha eseguito un pagamento non dovuto ha diritto di ripetere ciò che ha pagato. Ha inoltre diritto ai frutti e agli interessi dal giorno del pagamento, se chi lo ha ricevuto era in mala fede, oppure, se questi era in buona fede, dal giorno della domanda."

Estando de boa-fé aquele que recebe o pagamento indevido, isto é, desconhecendo o fato de que é indevido o pagamento que recebe, ele tem direito, de acordo com a lei brasileira, de permanecer com os acessórios supracitados.[290] Claro que, por se tratar de boa-fé subjetiva, a partir do momento em que essa concepção acerca da natureza indevida do pagamento muda, passando a ser do conhecimento do *accipiens* que recebera o que não lhe era devido, deixa de estar de boa-fé. Por conseguinte, tornam-se aplicáveis a ele as regras relativas ao possuidor de má-fé.

Em se tratando de pagamento indevido que se faz mediante a transferência de imóvel, a situação é semelhante à que foi exposta acima. De acordo com o artigo 879, *caput* e parágrafo único do Código Civil brasileiro de 2002, que seguiu orientação do diploma legal que o antecedeu, caso o *accipiens* tenha recebido o imóvel de boa-fé, ou seja, crendo que havia uma dívida mesmo para consigo, ele tem direito aos frutos percebidos, não responde pela deterioração da coisa, a que não deu causa, recebe indenização pelas benfeitorias necessárias e úteis e tem direito de retenção pelo valor delas.[291]

Art. 2033 Indébito objetivo
Aquele que fez um pagamento não devido tem direito de repetir o que pagou. Há também direito aos frutos (820 e seguintes) e aos lucros (1284) do dia do pagamento, se quem o recebeu estava de má-fé, ou, se estava de boa-fé (1147), do dia da demanda (Cof. Proc. Cível. 163) (trad. livre)

[290] De acordo com Cláudio Michelon Jr., existem quatro sistemas versando sobre a possibilidade ou não da restituição: a) vedação da reivindicação; b) diferenciação entre a alienação a título oneroso e gratuito e entre o adquirente de boa ou má-fé, cabendo a restituição apenas para a aquisição a título gratuito ou, a título oneroso, se o adquirente está de má-ré; c) restituição apenas se o adquirente está de má-ré, e; d) cabimento da restituição independentemente da boa ou da má-fé do adquirente. (MICHELON JR., Cláudio. op. cit., p. 130-131).

[291] O regramento disposto no Código CIvil de 2002 é, basicamente, a mesma que se encontra no Código Civil francês, conforme segue:
"Art. 1.379 – Si la chose indûment reçue est un immeuble ou un meuble corporel, celui qui l'a recue s'oblige à la restituer en nature, si elle existe, ou sa valeur, si elle est périe ou détériorée par sa faute ; il est même garant de sa perte par cas fortuit, s'il l'a reçue de mauvaise foi.
Art. 1.380 – Si celui qui a reçu de bonne foi a vendu la chose, il ne doit restituer que le prix de la vente.
Art. 1.381 – Celui auquel la chose est restituée, doit tenir compte, même au possesseur de mauvaise foi, de toutes les dépenses nécessaires et utiles qui ont été faites pour la conservation de la chose".

Estando o *accipiens* de má-fé, não tem direito de ficar com qualquer acessório da prestação. Em se tratando de prestação consistente em coisa, o *accipiens* responde pela perda, ou deterioração dela, ainda que acidentais, a não ser que comprove que, de igual modo, elas teriam ocorrido, estando na posse o *solvens*.[292] Ainda, o *accipiens* tem direito de receber indenização apenas pelas benfeitorias necessárias, não pelas úteis. Tendo recebido pagamento indevido consistente em entrega de dinheiro, por exemplo, ele tem que restituir ao *solvens* não só o valor recebido, com correção monetária, mas também os juros remuneratórios, que são frutos civis, conforme será explicitado no item seguinte.

4.2.5. Correção Monetária, Juros e o Tema 968 do STJ

Tendo em vista que a correção monetária significa mera preservação do valor da moeda, em se tratando de restituição de prestação consistente em entrega de dinheiro, ela só pode incidir a partir do pagamento indevido. Esse é o critério adotado pela jurisprudência há bastante tempo, e com acerto, conforme se verifica dos enunciados abaixo:

> Súmula 162 do Superior Tribunal de Justiça: Na repetição de indébito tributário, a correção monetária incide a partir do pagamento indevido.
>
> Súmula 46 do extinto Tribunal Federal de Recursos: Nos casos de devolução do depósito efetuado em garantia de instância e de repetição do indébito tributário, a correção monetária é calculada desde a data do depósito ou do pagamento indevido e incide até o efetivo recebimento da importância reclamada.

---

[292] A regra em tela é, basicamente, a mesma que se verifica nos Códigos italiano e francês:
"*Art. 2037. Restituzione di cosa determinata.*
Chi ha ricevuto indebitamente una cosa determinata è tenuto a restituirla. Se la cosa è perita, anche per caso fortuito, chi l'ha ricevuta in mala fede è tenuto a corrisponderne il valore; se la cosa è soltanto deteriorata, colui che l'ha data può chiedere l'equivalente, oppure la restituzione e una indennità per la diminuzione di valore.
Chi ha ricevuto la cosa in buona fede non risponde del perimento o del deterioramento di essa, ancorché dipenda da fatto proprio, se non nei limiti del suo arricchimento."
"*Art. 1.378 – S'il y a eu mauvaise foi de la part de celui qui a reçu, il est tenu de restituer, tant le capital que les intérêts ou les fruits, du jour du paiement.*"

No que diz respeito aos juros, cabe dizer que a mora é um estágio transitório, porquanto ou há a purgação dela, mantendo-se a relação jurídica, ou há a conversão dela em inadimplemento, de acordo com o critério estabelecido no artigo 395, parágrafo único, do Código Civil brasileiro de 2002, que é a inutilidade da prestação ao credor.

Ela surge no momento em que a obrigação se torna exigível – também líquida e certa, a depender da espécie de obrigação –, mas não há a realização da prestação por parte do devedor, no tempo, no lugar e na forma devidos, consoante artigo 394 do mesmo diploma legal acima.

De acordo com o artigo 405 do Código Civil brasileiro de 2002, os juros de mora contam-se da citação inicial. Em regra, portanto, não sendo atendida a pretensão do *accipiens* e ajuizada ação por parte dele contra o beneficiário do pagamento indevido, assim que citado, inicia-se a contagem dos juros de mora.

O índice a ser adotado para os juros de mora é o do artigo 406 do Código Civil brasileiro de 2002, que corresponde à taxa que estiver em vigor para a mora do pagamento de impostos devidos à Fazenda Nacional. Havia alguma indefinição na jurisprudência acerca de qual índice seria esse, se aquele previsto no artigo 161, § 1º, do Código Tributário Nacional, que é de 1% ao mês, ou a taxa SELIC, de acordo com os artigos 13 da Lei 9.065/95, 84 da Lei 8.981/95, 39, § 4º, da Lei 9.250/95, 61, § 3º, da Lei 9.430/96 e 30 da Lei 10.522/02.[293] No entanto, o Superior Tribunal de Justiça definiu a questão recentemente, orientando-se pela segunda opção.[294]

---

[293] JUNIOR, Luiz Antonio Scavone. *Juros no Direito Brasileiro*. 3. ed., rev., atual. e ampl. São Paulo: Revista dos Tribunais, 2009, p. 86-107.

[294] A favor da adoção da taxa SELIC: STJ – Corte Especial, REsp 1.111.118/PR, rel. p/ o acórdão Min. Mauro Campbell Marques, j. 02/06/2010, DJE 02/09/2010 – recurso repetitivo – tema 176; a favor da adoção da taxa de 1% ao mês: Enunciado n. 20 das Jornadas de Direito Civil do Conselho da Justiça Federal: *A taxa de juros moratórios a que se refer o art.406 é a do artigo 161, § 1º, do Código Tributário Nacional, ou seja, um por cento ao mês. A utilização da taxa SELIC como índice de apuração dos juros legais não é juridicamente segura, porque impede o prévio conhecimento dos juros; não é operacional, porque seu uso será inviável sempre que se calcularem somente juros ou somente correção monetária; é incompatível com a regra do art.591 do novo CC, que permite apenas a capitalização anual dos juros, e pode ser incompatível com o artigo 192, §3º, da CF, se resultarem juros reais superiores a doze por cento ao ano.*

O Tribunal se debruçou sobre outras duas questões relativas aos juros no julgamento do seu Tema 968, quais sejam: a) cabimento ou não da incidência de juros remuneratórios na repetição de indébito apurado em favor do mutuário de contrato de mútuo feneratício; e b) taxa de juros remuneratórios a ser aplicada na hipótese do item anterior.

Segundo expôs o Ministro Relator Paulo de Tarso Sanseverino, o Tribunal já apresentou 4 (quatro) posições acerca do tema:

1ª) não incidência de juros remuneratórios (2ª Seção, AR 4.393/GO, rel. Min. Paulo de Tarso Sanseverino, j. 09/03/2016, DJe 14/04/2016; 3ª T., AgRg no REsp 1.359.397/SP, rel. Min. Sidnei Beneti, j. 22/05/2014; DJe 05/06/2014);

2ª) incidência de juros remuneratórios à taxa legal de 1% ao mês, desde a ocorrência do indébito, cumulados com juros de mora a partir da citação (3ª T., REsp 1.559.314/MG, rel. Min. João Otávio de Noronha, j. 27/10/2015, DJe 03/11/2015; 2ª Seção, REsp 447.331/MG, rel. Min. Ari Pangendler, j. 28/03/2007, DJe 16/08/2007);

3ª) incidência de juros remuneratórios à mesma taxa praticada pela instituição financeira que deve efetuar a restituição (3ª T., REsp 453.464/MG, rel. p/ o acórdão Min. Nancy Andrighi, j.12/03/2003, DJe 19/12/2003);

4ª) incidência de juros remuneratórios à taxa SELIC (4ª T., REsp 401.694/MG, rel. Min. Ruy Rosado de Aguiar, DJe 05/08/2002).

Cada uma das posições tem pontos positivos e/ou negativos a serem considerados. Na primeira corrente a instituição financeira permanece com os frutos, o que não ocorre se seguida qualquer das outras correntes, as quais obrigam a instituição financeira a restituir os frutos. No entanto, em todas as três correntes que obrigam a instituição financeira a restituir juros remuneratórios há a discussão acerca de qual a taxa devida, com o adendo de que não se pode condenar a instituição financeira a restituir mais do que obteve de lucro líquido, como pode ser o caso da terceira corrente.

Adotando o conceito de "lucro da intervenção", consistente na interferência em direitos ou bens jurídicos de uma pessoa que gera lucro para outra, que nada mais é do que uma das noções do enriquecimento sem causa (enriquecimento por por intervenção ou *Eingriffskondiktion*)[295]; diferenciando esse conceito do de dano, retirado da responsabilidade civil; e indicando que o sistema jurídico pátrio pouco disciplina a questão do "lucro da intervenção", pois afora as regras gerais do enriquecimento sem causa no Código Civil brasileiro de 2002, somente o artigo 210 da Lei de Propriedade Industrial (Lei n. 9.279/96) versa sobre o tema em seu inciso III, malgrado o faça como "lucros cessantes", propôs o Ministro Relator a tese seguinte, que foi aprovada pelo Tribunal: *Descabimento da repetição do indébito com os mesmos encargos praticados pela instituição financeira*.

Trata-se de decisão que afasta a aplicação de uma das supracitadas correntes, mas que não resolve o cerne da questão, qual seja: deve ou não haver incidência de juros remuneratórios na repetição do indébito – no caso, em contratos de mútuo feneratício – e, no caso positivo, qual deve ser o percentual adotado. Mas será que o percentual correto não seria justamente aquele que foi contratado?

Para que isso seja respondido, em primeiro lugar, é preciso verificar qual o instituto aplicável ao caso concreto. Como visto anteriormente, são pressupostos do pagamento indevido: a ausência de obrigação (causa), a prestação feita a título de pagamento, a voluntariedade do pagamento, a conduta positiva do suposto devedor que causa aumento patrimonial do suposto credor e o erro. Não estando presentes esses pressupostos, que são cumulativos, a restituição pode ser feita com base no genérico enriquecimento sem causa.

Na espécie, sendo analisado pelo Superior Tribunal de Justiça o contrato de mútuo feneratício em que o mutuário faz pagamentos à instituição financeira que depois são reputados inválidos e que devem ser restituídos a ele, por certo que está diante de pagamentos indevidos, nos estritos limites da lei civil brasileira, porquanto presentes os cinco pressupostos indicados acima, ainda mais se lembrada da subsidiariedade abstrata do instituto.

Em virtude disso, aplicável a norma extraída do artigo 878 do Código Civil brasileiro de 2002 que, como visto no item anterior, dispõe que o *accipiens* de boa-fé tem direito de permanecer com os frutos, o que

---

[295] Enunciado n. 620 da VIII Jornada de Direito Civil: *Art. 884: A Obrigação de restituir o lucro da intervenção, entendido como a vantagem patrimonial auferida a partir da exploração não autorizada de bem ou direito alheio, fundamenta-se na vedação do enriquecimento sem causa.*

abrange os juros remuneratórios, que são frutos civis, devendo restituí-los integralmente apenas se recebido o pagamento de má-fé.

Dito isso, importa definir se a instituição financeira está ou não de boa-fé. A boa-fé a que se alude é a subjetiva, que consiste na ciência da existência de óbice ao exercício do direito. Desse modo, caso reste demonstrado que a instituição financeira tinha plena ciência da ilegalidade praticada e que a levou a receber pagamento indevido por parte do cliente, não terá direito de permanecer com os juros remuneratórios auferidos, e vice-versa.

Sem dúvida é o caso concreto que indicará a presença ou não de boa-fé da instituição financeira, pois não se pode olvidar dos elementos fáticos para essa definição. Independentemente disso, à guisa de exemplo, cita-se a Súmula 565 do próprio Superior Tribunal de Justiça, que assim dispõe: "*A pactuação das tarifas de abertura de crédito (TAC) e de emissão de carnê (TEC), ou outra denominação para o mesmo fato gerador, é válida apenas nos contratos bancários anteriores ao início da vigência da Resolução-CMN n. 3.518/2007, em 30/4/2008*".

Sumulada a questão relativa ao tema, não tem mais cabimento discutir sobre a juridicidade da cobrança das referidas tarifas, de tal modo que, sendo cobradas em um determinado contrato, certamente deve ser tida como de má-fé a conduta do banco. Este é o parâmetro a ser adotado.

Fixada essa premissa, se porventura for definido que a instituição financeira agiu de má-fé, não pode permanecer com os juros remuneratórios, o que faz emergir a questão referente à medida dessa restituição. A lei diz claramente que deve ocorrer a restituição dos frutos, nada mais do que isso. São frutos os acessórios que provêm da coisa principal, independentemente de terem se incorporado definitivamente ao patrimônio do titular do direito.[296]

---

[296] "*Acerca dos frutos, duas teorias podem ser mencionadas, a objetiva e a subjetiva. Para a primeira, frutos são utilidades que a coisa periodicamente produz, constituem a produção normal, ordinária e certa da coisa; são quaisquer produtos orgânicos, cuja percepção deixa substancialmente intecta a coisa que os produz. Para a teoria subjetiva, que se atém sobretudo ao aspecto econômico, frutos são riquezas normalmente produzidas por um bem patrimonial, podendo consistir tanto na safra de uma propriedade agrícola como nos produtos oriundos da intervenção do homem sobre a natureza, como ainda nos rendimentos de um capital. Acolheu o nosso Código a teoria objetiva, considerando como frutos a produção normal e periódica da coisa, sem dispêndio de sua substância*". (MONTEIRO, Washington de Barros. *Curso de direito civil*: parte geral. 33. ed. São Paulo: Saraiva, 1995. v. 1, p. 149).

Dessa maneira, a rigor, tendo a instituição financeira extraído do capital os juros remuneratórios em um determinado percentual contratado, tenham sido eles incorporados ao patrimônio dela como lucro bruto ou líquido, isso pouco importa para que sejam considerados como frutos e, por conseguinte, terem que ser restituídos integralmente ao mutuário. O percentual dos juros remuneratórios contratados, portanto, deveria servir de base para a repetição do indébito em favor do mutuário. Se capitalizados, em qualquer periodicidade, deveriam ser restituídos dessa mesma maneira.

Segundo o Superior Tribunal de Justiça, essa solução não seria a mais adequada porque, no dizer do Ministro Relator: *"acaba sendo excessiva, pois o banco fica obrigado a restituir mais do que auferiu, uma vez que os juros não se revertem em lucro para uma instituição financeira. Deveras, parte dos juros é destinada a cobrir seus custos operacionais e os riscos da operação de crédito".*

Compreende-se que o Tribunal resolveu afastar a regra geral, consistente na análise do pagamento indevido sob o prisma da concepção real do enriquecimento, para adotar a concepção patrimonial do instituto. Como visto em passagem anterior deste trabalho, isso é possível quando as circunstâncias do caso concreto sinalizam que a adoção daquela primeira concepção se mostra excessivamente onerosa ao *accipiens*.

Contudo, não se mostra pertinente essa conclusão no caso em tela porque é cediço que a instituição financeira realiza os contratos de mútuo feneratício por adesão, de tal sorte que já se coloca em posição de vantagem em relação aos clientes que com ela contratam. Dessa posição de vantagem ela extrai os lucros e, por conta disso deve arcar com os prejuízos correspectivos, um dos quais é justamente a possibilidade de ter que restituir ao cliente aquilo que foi pago indevidamente por ele. Ademais, essa restituição somente deve ocorrer se houve má-fé da instituição financeira, o que, conforme parâmetro exposto acima, pode envolver até mesmo a análise do grau de definição acerca de questões de ordem jurídica.

Sopesando esses argumentos e a preservação do lucro líquido da instituição financeira, não se afigura justificável a tese acolhida pelo Superior Tribunal de Justiça. Mais equânime a manutenção da concepção real do enriquecimento, que norteia a análise do instituto do pagamento indevido, de modo que deveria ter sido adotada a 3ª posição supracitada, qual seja: incidência de juros remuneratórios à mesma taxa praticada pela instituição financeira que deve efetuar a restituição (3ª T., REsp 453.464/MG, rel. p/ o acórdão Min. Nancy Andrighi, j.12/03/2003, DJe 19/12/2003). Por exemplo, cobrados juros remuneratórios mensais de 2%, capitalizados mensalmente, na repetição do indébito teria o cliente bancário direito à restituição exatamente do valor pago indevidamente, com juros remuneratórios mensais de 2%, capitalizados mensalmente.

Nem se diga que ao se adotar essa posição estar-se-ia, indiretamente, concedendo a uma pessoa física direito que o sistema jurídico atribui somente às instituições financeiras, qual seja, a cobrança de juros remuneratórios capitalizados (capitalização composta) e/ou em percentual superior à taxa legal. Não se trata disso. Consoante anteriormente explicado, a obrigação de restituir é espécie do gênero obrigação de dar e contém algumas peculiaridades, como é o caso da inversão da noção geral de que *res perit domino*.

Na espécie, ao se definir que a instituição financeira deverá restituir ao seu cliente os juros remuneratórios à mesma taxa praticada por ela na relação jurídica com aquele, não se autoriza o cliente a, voluntariamente, criar obrigação que ultrapasse os limites legais acerca dos juros remuneratórios para as pessoas físicas ou jurídicas que não sejam instituições financeiras. O pagamento indevido é orientado, como regra geral, pela ótica do enriquecimento real, de tal modo que a repetição do indébito deve se dar com a integralidade dos valores obtidos pela instituição financeira, à míngua de argumentos consistentes quanto à adoção da ótica patrimonial do enriquecimento sem causa.

Essa é a regra geral que se extrai da lei. Podem as partes dispor em sentido contrário, dada a autonomia privada que a lei lhes concede, já que está a se lidar com norma dispositiva. Em outras palavras, a rigor, não é vedado às partes estipularem que, havendo pagamento indevido numa dada relação jurídica ou pela extinção dela, a restituição dar-se-á de modo parcial. É claro que isso se torna mais problemático nos contratos de adesão e, especialmente, no âmbito das relações se consumo, diante do que dispõe os artigos 51, inciso II, e § 1º, II e III, e 53 do Código de Defesa do Consumidor.[297] Mas, nesse caso, afora a justificativa eventual-

---

[297] Art.51. São nulas de pleno direito, entre outras, as cláusulas contratuais relativas ao fornecimento de produtos e serviços que:
(....)

mente apresentada para fundamentar a restrição à repetição do indébito, é a medida da limitação que dirá sobre a validade da cláusula contratual.

4.2.6. A Disciplina da Repetição do Indébito no Código de Defesa do Consumidor

A pós-modernidade, diz Cláudia Lima Marques, é uma crise de insegurança, das bases científicas que poderiam aqui fazer generalizações sobre a revogação ou derrogação de uma norma. A fluidez, a narração, o campo de aplicação plural, o uso de conceitos indeterminados e de cláusulas gerais, de códigos duplos (*double coding*) e os valores antinômicos são típicas manifestações pós-modernas. Sendo assim, salienta a referida autora, o aplicador da lei – talvez fosse o caso de se falar em intérprete – deve adaptar sua própria formação e seus preconceitos às necessidades da sociedade de consumo e de informação, de rapidez fantástica e de produção legislativa cada vez mais impressionante e plural, bem como visar o diálogo das fontes, de forma a dar efeito útil a grande número de normas, privilegiando as normas narrativas, os valores constitucionais e os direitos humanos.[298]

No tocante ao diálogo das fontes, sobretudo no âmbito do direito privado, nenhum microssistema é mais importante no diálogo com o Código Civil brasileiro de 2002 do que o Código de Defesa do Consumidor, justamente por conta da supracitada sociedade de consumo.

Ultrapassada a questão referente à configuração da relação de consumo, com o consumidor de um lado e o fornecedor de outro, sobre a

---

II. subtraiam ao consumidor a opção de reembolso da quantia já paga, nos casos previstos neste Código.
§ 1º Presume-se exagerada, entre outros casos, a vantagem que:
II. restringe direitos ou obrigações fundamentais inerentes à natureza do contrato, de tal modo a ameaçar seu objeto ou o equilíbrio contratual;
III. se mostra excessivamente onerosa para o consumidor, considerando-se a natureza e conteúdo do contrato, o interesse das partes e outras circunstâncias peculiares ao caso.
Art.53. Nos contratos de compra e venda de móveis ou imóveis mediante pagamento em prestações, bem como nas alienações fiduciárias em garantia, consideram-se nulas de pleno direito as cláusulas que estabeleçam a perda total das prestações pagas em benefício do credor que, em razão do inadimplemento, pleitear a resolução do contrato e a retomada do produto alienado.
[298] MARQUES, Cláudia Lima. op. cit., p. 586-587.

qual o intérprete deve se debruçar com cautela, importa consignar que o Código de Defesa do Consumidor trata da repetição do indébito da seguinte forma:

> Art.42. (...)
> Parágrafo único. O consumidor cobrado em quantia indevida tem direito à repetição do indébito, por valor igual ao dobro do que pagou em excesso, acrescido de correção monetária e juros legais, salvo hipótese de engano justificável.

De acordo com Luis Antonio Rizzatto Nunes, a regra estabelece bases objetivas para a repetição do indébito, sendo dois os seus requisitos: cobrança indevida e pagamento pelo consumidor do valor indevidamente cobrado.[299] Apesar de ser óbvio e lógico, por decorrer da própria interpretação literal e se tratar de repetição do indébito, que pressupõe pagamento indevido, vale consignar que não basta a cobrança indevida para que se fale em repetição do indébito. O âmbito de incidência desse artigo, portanto, é diferente daquele previsto no artigo 940 do Código Civil brasileiro de 2002, que se refere à mera cobrança indevida.[300]

Malgrado excesso possa dar a entender que a dívida cobrada e paga pelo consumidor é parcialmente devida, é claro que ele pode se referir à totalidade da dívida. E quanto à cobrança, tendo optado a lei por usar o verbo "cobrar" em vez de "demandar", como fez o supracitado artigo do Código Civil brasileiro de 2002, deixou em aberto a possibilidade de requerimento do fornecedor ser feito via judicial ou extrajudicial.[301]

---

[299] NUNES, Luis Antonio Rizzatto – *Curso de direito do consumidor: com exercícios*. 4. ed. São Paulo: Saraiva, 2009, p. 577-578; FILHO, Sergio Cavalieri. *Programa de direito do consumidor*. 3. ed. São Paulo: Atlas, 2011, p. 204.

[300] "*Art. 940. Aquele que demandar por dívida já paga, no todo ou em parte, sem ressalvar as quantias recebidas ou pedir mais do que for devido, ficará obrigado a pagar ao devedor, no primeiro caso, o dobro do que houver cobrado e, no segundo, o equivalente do que dele exigir, salvo se houver prescrição.*"

[301] "*Mas o uso do verbo 'cobrar' no sistema da legislação consumerista não elide de forma alguma o sentido de cobrança judicial. Seria pueril afirmar que na cobrança abusiva, só por ser judicial, o credor não responde pelas penas do parágrafo único do art. 42. Como é que uma atitude abusiva se transformaria em lícita apenas pelo fato do ajuizamento da medida? Se assim fosse, bastaria dar entrada em ações judiciais para, burlando a lei, praticar toda sorte de abusos*". (NUNES, Luis Antonio Rizzatto – op. cit., p. 581). Não é esta a posição adotada pelo Superior Tribunal de Justiça: 3ª T.,

Preenchidos os dois requisitos objetivos mencionados acima, o consumidor tem direito à repetição do indébito em dobro, com correção monetária e juros.

A única exceção aberta pela lei é o engano justificável. Caso ele se apresente, a repetição do indébito é cabível, mas não em dobro. Antônio Herman de Vasconcelos e Benjamin explica que no Código Civil só a má-fé permite a aplicação da sanção; na legislação especial, tanto a má-fé como a culpa (imprudência, negligência e imperícia) dão ensejo à punição. Sendo assim, para ele, o engano é justificável exatamente quanto não decorre de dolo ou de culpa; "*é aquele que, não obstante todas as cautelas razoáveis exercidas pelo fornecedor-credor, manifesta-se*".[302]

À guisa de exemplo, ele sustenta que o exemplo típico de não-justificabilidade do engano é o que ocorre com as cobranças de computador. Diz ele que a automação das cobranças não pode levar o consumidor a sofrer prejuízos, ainda mais quando se sabe que, na sociedade de consumo, o consumidor, em decorrência da facilidade de crédito, não tem um único débito a pagar e a controlar. De outro lado, como hipótese de justificabilidade, ele aponta a cobrança decorrente de vírus no computador, o mau funcionamento de máquina e a demora do correio na entrega da cobrança.[303]

Sucede que, segundo o Superior Tribunal de Justiça, para que essa norma seja aplicável, é preciso que fique caracterizada a má-fé do fornecedor. Por certo que se trata de desdobramento da Súmula 159 do Supremo Tribunal Federal[304], que exige a má-fé para a aplicação do revogado artigo 1.531 do Código Civil brasileiro de 1916, correspondente ao atual artigo 940 do Código Civil brasileiro de 2002. Isso retirou a efetividade da norma.

AgRg no REsp 1535596 / RN, rel. min. Ricardo Vilas Bôas Cueva, j. 15/10/2015, Dje 23/10/2015).

[302] *Código brasileiro de defesa do consumidor: comentado pelos autores do anteprojeto*. Ada Pellegrini Grinover... [et. al.]. 7. ed. Rio de Janeiro: Forense Universitária, 2001. p. 349. É esta a posição adotada pelo Superior Tribunal de Justiça: 1ª T., AgRg no AREsp 327606 / RJ, rel. Min. Napoleão Nunes Maia Filho, j. 28/03/2017, DJe. 05/04/2017.

[303] Id. Ibid., p. 349.

[304] Súmula 159 do Supremo Tribunal Federal: "*Cobrança excessiva, mas de boa-fé, não dá lugar às sanções do art. 1.531 do Código Civil.*"

Cláudia Lima Marques faz crítica a essa posição, nos seguintes termos:

> Prevista como uma sanção pedagógica e preventiva, a evitar que o fornecedor se 'descuidasse' e cobrasse a mais dos consumidores por 'engano', que preferisse a inclusão e aplicação de cláusulas sabidamente abusivas e nulas, cobrando a mais com base nestas cláusulas, ou que o fornecedor usasse de métodos abusivos na cobrança correta do valor, a devolução em dobro acabou sendo vista pela jurisprudência, não como uma punição razoável ao fornecedor negligente ou que abusou de seu 'poder' na cobrança, mas como uma fonte de enriquecimento 'sem causa' do consumidor.[305]

Precisamente pelo caráter pedagógico e preventivo da norma é que a sua aplicação não poderia ter sido desvirtuada. Não estipulando a lei que a má-fé é requisito de incidência da norma, não poderia a jurisprudência exigi-la porque isso representa desrespeito de seu texto-base, especialmente se a posição jurisprudencial é antiga e, mesmo assim, o legislador optou por seguir outra posição.[306] A propósito disso, cabe ressaltar que os julgados que deram ensejo à referida súmula apontam apenas que a exigência de má-fé é pacífica na doutrina e na jurisprudência, o que, por si só, não significa que esteja correto, tampouco que deva ser preservado o entendimento décadas depois. Nessa mesma linha, constam dos julgados que a má-fé é exigível porque a sanção é grave, mas a gravidade da lesão é relativa e foi definida pelo legislador, que é, quem de direito, cabe fazê-lo.

Ademais, a interpretação extensiva do que se entende por engano justificável já poderia abarcar boa parte do que se tem por má-fé, como é o caso da divergência jurisprudencial e/ou doutrinária acerca de um determinado tema. Não se pode perder de vista, ainda, que o ambiente das relações de consumo é regido pela responsabilidade civil objetiva, como regra geral, de tal maneira que a adoção do requisito da má-fé vai ao encontro disso.

---

[305] *Comentários ao Código de Defesa do Consumidor*. Claudia Lima Marques, Antonio Herman V. Benjamin, Bruno Miragem. 4. ed. rev. atual. e ampl. São Paulo: Revista dos Tribunais, 2013. p. 937.

[306] RAMOS, Elival da Silva. *Ativismo judicial*: parâmetros dogmáticos. 1. ed. São Paulo: Saraiva, 2010. p. 168.

É de se compreender que a *mens legis* da repetição do indébito em dobro corresponde à pré-determinação da responsabilidade civil do fornecedor, inclusivo com viés punitivo, como se dá com a cláusula penal, de tal modo que, afora circunstâncias peculiares, não seria cabível falar em indenização por danos morais. Nesse sentido:

> A justificativa admitida pela lei para eximir o fornecedor de tal sanção deve referir-se a fato que exclua o nexo de causalidade entre a sua conduta o dano suportado pelo consumidor, sendo irrelevante a análise da presença de investigação a esse respeito na maioria dos acórdãos proferidos na jurisprudência pátria. A irrelevância da presença de dolo ou culpa para se concluir pelo dever de indenizar prende-se à constatação de que o sistema de proteção do consumidor é todo baseado em critérios objetivos de aferiçãode atendimento à chamada teoria da qualidade. Assim sendo, a sanção em tela tem função pedagógica e inibidora de condutas lesivas ao consumidor, tendo em vista em maior grau o interesse social no controle das imperfeições do mercado do que propriamente o interesse particular do consumidor individualmente considerado. Permite-se, assim, vislumbrar no dispositivo legal em comento hipótese de aplicação das chamadas punitive damages (indenizações com finalidade punitiva) no Brasil.[307]

A proporcionalidade da sanção em tela seria perfeita, na medida em que corresponderia ao dobro do valor pago indevidamente pelo consumidor. Especialmente pelo prisma econômico do direito, isso representaria um grande avanço para o planejamento dos eventuais prejuízos dos fornecedores, o que poderia redundar em vantagens para os consumidores, já que quanto maior o planejamento, menor o risco, e, por conseguinte, menores os encargos.[308]

---

[307] ALMEIDA, Luiz Cláudio Carvalho de. A repetição do indébito em dobro no caso de cobrança indevida de dívida oriunda de relação de consumo como hipótese de aplicação dos punitive damages no direito brasileiro. *Revista do Direito do Consumidor*, São Paulo, v. 54, 2005, Revista dos Tribunais *apud* FILHO, Sergio Cavalieri. op. cit., p. 204.

[308] *"The economic analysis of law, as it now exists not only in the United States but also in Europe, which has its own flourishing law and economics association, has both positive (that is, descriptive) and normative aspects. It tries to explain and predict the behavior of participants in and persons regulated by the law. It also tries to improve law by pointing out respects in which existing or proposed laws have unintended or undesirable consequences, whether on economic efficiency, or the distribution of income*

Entretanto, ao se exigir a má-fé, reduz-se o alcance do artigo 42, parágrafo único, do Código de Defesa do Consumidor, mas, em compensação, abre-se uma enorme oportunidade para o ajuizamento de ações postulando indenização por danos morais pela ocorrência da cobrança que culminou com o pagamento indevido. Cai por terra o caráter preventivo da norma. Como a ocorrência de dano moral depende da compreensão do juiz acerca de sua configuração, o que é variado[309], e da análise do caso concreto, além de haver um estímulo para a demanda, notadamente no âmbito dos Juizados Especiais Cíveis, dada a gratuidade em primeira instância, o fornecedor sempre corre o risco de ser condenado. Risco elevado, maiores encargos ao consumidor.

4.2.7. A Súmula 322 do STJ e a Dispensa de Prova do Erro

Dispõe a Súmula 322 do Superior Tribunal de Justiça que: "*Para a repetição de indébito, nos contratos de abertura de crédito em conta-corrente, não se exige a prova do erro.*" Esse enunciado visa definir a questão da restituição, por parte do banco, dos valores lançados (debitados) em conta corrente do cliente bancário, mais especificamente por conta de crédito aberto nessa mesma conta corrente por parte do banco.

Da leitura do enunciado é possível extrair que o mote do Tribunal, em tese, não foi dispensar o erro e sim a sua prova, o que está em consonância com a presunção do erro, notadamente nos casos de indébito objetivo,

---

and wealth, or other values." (POSNER, Richard A. *Values and consequences: an introduction to economic analysis of law*. Disponível em: <https://www.law.uchicago.edu/files/files/53.Posner.Values_0.pdf>. Acesso em 07 mai. 2019, p. 02).
"*A insegurança jurídica advém de decisões extra legem ou contra legem, o que incentiva a litigiosidade judicial. Se julga "além da lei" ou "contra a lei", o juiz estimula um número maior de demandantes a ingressar na Justiça do que se as decisões fossem sempre mais próximas de uma interpretação literal da lei. A insegurança é maior, sobretudo, quando a jurisprudência se desvia da lei, o que altera o comportamento dos agentes em novos contratos, podendo encarecer ou até inviabilizar certas transações.*"
(*Como fazer os juros serem mais baixos no Brasil: Uma proposta dos bancos ao governo, Congresso, Judiciário e à sociedade*. Disponível em: https://jurosmaisbaixos nobrasil.com.br/febraban.pdf. Acesso em: 06 mai. 2019)

[309] MORAES, Maria Celina Bodin de. *A Contitucionalização do Direito Civil e seus reflexos sobre a responsabilidade civil*. Disponível em: <http://egov.ufsc.br/portal/sites/default/files/a_constitucionalizacao_do_direito_civil_e_seus.pdf>. Acesso em: 07 mai. 2019.

consoante analisado em momento anterior.[310] Destaca-se trecho de um dos julgados que deram ensejo à edição do enunciado à guisa de exemplo:

> Quanto à repetição de indébito, deve ser deferida na presença de cláusulas ilegais, independente de prova do erro no pagamento. Vejamos os fundamentos do despacho ora agravado:
> '(...) no que se refere à repetição de indébito, a jurisprudência desta Corte já assentou que aquele que recebe pagamento indevido deve restituí-lo para impedir o enriquecimento indevido, prescindindo da discussão a respeito de erro no pagamento em hipóteses como a presente. Anote-se:
> 'Cartões de crédito. Juros. Limitação. Fundamento íntegro. Capitalização. Repetição do indébito. 1. Não enfrentando o especial a questão central do Acórdão recorrido, qual seja, a de que a empresa administradora de cartão de crédito não integra o sistema financeiro nacional, fica o especial oco para resistir aos pressupostos de conhecimento. 2. Não é permitida a capitalização mensal de juros em contratos da espécie, na forma de precedentes da Corte. 3. Aquele que recebeu o que não devia, deve fazer a restituição, sob pena de enriquecimento indevido, pouco relevando a prova do erro no pagamento. 4. Recurso especial não conhecido' (REsp 345.500/RS, Terceira Turma, de minha relatoria, DJ de 24/6/02).'[311]

Da leitura de outros julgados que fundamentaram a edição desse enunciado é possível entrever que o cerne da questão não está no erro, mas na voluntariedade. Em outras palavras, compreende o Tribunal que nos lançamentos feitos por parte do banco na conta corrente do cliente, por conta de contrato de crédito em conta, inexiste voluntariedade deste. Quem faz o lançamento é o próprio banco, de tal maneira que seria dispensável a prova do erro. É o que se verifica dos trechos destacados de dois outros julgados que deram fundamento ao referido enunciado:

> (...) De fato, conquanto judiciosos, não calham os argumentos do banco, no sentido de ter provado que movimentou regularmente a conta e cobrou

---
[310] Item 3.1.5.
[311] STJ – 3ª Turma – AgRg no REsp 633.749 / RS, rel. Min. Carlos Alberto Menezes Direito, j. 26/08/2004, DJ 16/11/2004.

com acerto, ou de que as nulidades proclamadas em juízo não significam que o mesmo não se desincumbiu do ônus de provar a incorreição dos lançamentos, pois, na verdade, a própria natureza do contrato de abertura de crédito e a forma com que são procedidas as cobranças dos encargos descaracteriza a voluntariedade dos pagamentos que o correntista pretende ver repetidos.

Isso porque o correntista não paga de forma espontânea, a instituição financeira é que se apropria de todos os créditos provenientes de fontes outras, como salário e depósitos, porventura lançados em favor do cliente, simplesmente debitando as respectivas importâncias de sua conta corrente, com o fito de saldar os juros e encargos por ela apurados, em decorrência da prévia utilização do numerário colocado à disposição do devedor[312]

(...) Quanto à necessidade de comprovação do erro, como requisito para a restituição de valores pagos a maior, tal qual ficou decidido na decisão agravada, não é exigível, pois, tratando-se de contrato de abertura de crédito, "os lançamentos na conta são feitos pelo credor" (fl. 308), não podendo se falar em pagamento voluntário.[313]

Sucede que essa compreensão está equivocada. Primeiro porque não é correto dizer que falta voluntariedade do cliente nos lançamentos feitos pelo banco na conta corrente do cliente, mesmo que em decorrência de dívida do cliente para com o próprio banco. Segundo porque se faltasse voluntariedade, não se estaria diante da fonte obrigacional correspondente ao pagamento indevido, de tal maneira que a análise da dispensa do erro ou da sua prova seria despicienda.
Sérgio Carlos Covello afirma o seguinte acerca da conta corrente bancária:

> Para nós, a conta corrente bancária é o contrato em virtude do qual o Banco se obriga a receber os valores que lhe são remetidos pelo cliente (correntista) ou por terceiros, bem como a cumprir as ordens de pagamento do cliente até o limite de dinheiro nela depositado ou do crédito que se haja estipulado.

---

[312] STJ – 4ª Turma – REsp 184.237 / RS, rel. Min. Cesar Asfor Rocha, j. 05/10/2000, DJ 13/11/2000.
[313] STJ – 3ª Turma – AgRg no Ag 306.841 / PR, rel. Min. Ari Pargendler, j. 13/08/2001, DJ 24/09/2001.

Como se observa, o conteúdo do contrato de conta corrente resume-se na obrigação contraída pelo Banco de realizar uma série de negócios por conta do cliente, desenvolvendo um verdadeiro serviço de caixa: honrar ordens de pagamento que o cliente lhe transmite por meio de cheques, pagar letras de câmbio, faturas, conta de luz, de água e de esgoto, de telefone, bem como arrecadar fundos do cliente ou de terceiros.[314]

A respeito dessa obrigação atribuída à instituição financeira de honrar ordens de pagamento que o cliente lhe transmite, em nome dele, arremata o referido autor que *"há toda uma relação de mandato entre cliente e Banco que se superpõe a um mero contrato normativo ou cláusula acessória."*[315]

É essa a mesma posição adotada por Nelson Abrão, que, com fulcro em lição de Giacomo Molle, afirma que na conta corrente bancária indubitavelmente existe um mandato, ainda que de conteúdo indeterminado, pelo qual o banco assume o serviço de caixa do cliente e se obriga ao cumprimento dos atos e negócios jurídicos solicitados pelo correntista.[316]

Arnaldo Rizzardo é outro autor que segue esse entendimento ao asseverar que *"de certa forma, tipificada está também uma relação de mandato, eis que o banco fica autorizado a realizar uma série de atos, como pagamentos, cobranças, transferências, etc., sempre no interesse do cliente"*.[317]

Não é por outra razão, aliás, que o mesmo Superior Tribunal de Justiça editou a Súmula 259 com o seguinte teor: *"A ação de prestação de contas pode ser proposta pelo titular de conta-corrente bancária."*

Considerando que o banco atua como mandatário do cliente e que debita da conta corrente dele, por ordem e a conta dele, está suficientemente claro que atua como se fosse o próprio cliente debitando de sua conta o referido valor. Isso não se altera se o banco o faz em virtude de dívida do cliente para com o próprio banco, pois o crédito que é concedido e liberado ao cliente por parte do banco na conta corrente, em

---

[314] COVELLO, Sérgio Carlos. *Contratos bancários*. 3. ed. rev. e atual. São Paulo: Leud, 1999. p. 98.
[315] Id. Ibid., p. 105.
[316] ABRÃO, Nelson. *Direito bancário*. 10. ed. rev. ampl. e atual. por Carlos Henrique Abrão. São Paulo: Saraiva, 2007. p. 218.
[317] RIZZARDO, Arnaldo. *Contratos de crédito bancário*. 7. ed. rev., ampl. e atual. São Paulo: Revista dos Tribunais, 2007. p. 84.

nada altera a natureza jurídica e as obrigações de parte a parte quanto ao contrato de conta corrente, que tem autonomia em relação ao contrato de crédito.

Importante distinguir o fato puro e simples consistente no débito na conta corrente do cliente por parte do banco com o fato analisado no contexto jurídico que mostra que esse débito foi feito pelo banco em nome e por conta do cliente, isto é, é como se o próprio cliente o fizesse em favor do banco.

Sendo assim, esse débito na conta corrente do cliente por parte do banco se adequa ao conceito de pagamento indevido, pois se trata de prestação feita a título de pagamento; com voluntariedade, ainda que indireta, via mandato atribuído ao banco; gera aumento patrimonial do próprio banco, que é o suposto credor; ocorreu por erro, eis que se acreditava que o valor era devido; mas está ausente a obrigação (causa), eis que inexistente, inválida ou ineficaz.

Sobre a compreensão do débito em conta corrente como pagamento, aliás, vale a menção à doutrina de Carvalho Santos:

> O pagamento, como lembra CUNHA GONÇALVES, pressupõe um elemento material: a entrega de uma coisa ou uma somma, e um elemento intencional: o animus solvendi (Cfr. GIORGI, obr. Cit., n.76), que outros julgam inutil, porque a mesma regra será applicavel quando alguem entrega uma coisa achada a quem por erro julga ser o dono della; mas, neste caso, dá-se tambem o cumprimento duma obrigação, e, por isso, é infundada a objecção. O elemento material, porém, não tem de ser sempre materialmente realizado. Toda a operação com effeitos de pagamento valerá como pagamento; e, assim, o lançamento em conta-corrente, a compensação ou a novação realizada, etc. (CUNHA GONÇALVES, obr. cit., pags. 749--750).[318]

No caso do julgamento do AgRg no AgInst 641.382-RS, relatado pela Ministra Nancy Andrighi, que é um dos que fundamentaram a formulação da referida súmula, por exemplo, o Tribunal analisou a repetição do indébito decorrente de cobrança de juros remuneratórios capitalizados.

---

[318] CARVALHO SANTOS, J.M. de. op. cit., p. 393.

A conclusão foi que houve indevida cobrança de juros remuneratórios porque desrespeitada a periodicidade da capitalização preconizada pelo artigo 5º da Medida Provisória n. 2.170-36/2001.

Tendo sido considerada inválida a incidência dos juros remuneratórios nos termos mencionados acima, a fonte obrigacional deixou de existir, de tal sorte que, tendo havido débito em conta corrente do cliente por parte do banco, a repetição do indébito deveria ser postulada sob a ótica do pagamento indevido.

Estando presentes os elementos caracterizadores do pagamento indevido nos lançamentos feitos pelo banco na conta corrente de seu cliente, em virtude de supostos débitos oriundos de contrato de abertura de crédito firmado entre as mesmas partes, inclusive a voluntariedade, como salientado acima, de fato, o erro é exigível, embora possa ser presumido por se tratar de indébito objetivo.

Cláudio Marchezan Jr. faz crítica contundente à aplicação do instituto pela jurisprudência, com base em doutrina que ele reputa contrária à lei, dispensando-se o erro para a sua configuração, sobretudo por se poder resolver as mesmas questões submetidas a julgamento pela ótica do enriquecimento sem causa:

> De fato, essa construção doutrinária se tornou não apenas redundante, mas contrária à lei. Redundante porque os casos em que se procurou dispensar o requisito 'erro' do suporte fático do pagamento indevido são hoje regulados pela cláusula geral do direito restitutório contida no dispositivo do art.884 do novo Código, combinado com os arts.885 e 886. Contrária à lei porque a forma de determinação do objeto da prestação restitutória é diferente conforme se trate de pagamento indevido ou de enriquecimento sem causa. Ou seja, dar o chamado 'indébito objetivo' o tratamento reservado ao pagamento indevido levará a aplicar as regras incorretas para a determinação da prestação restitutória devida.[319]

Por derradeiro, ainda neste quadro, cabe anotar que também não é o caso de buscar fundamento para a repetição do indébito em tela no Código de Defesa do Consumidor, pois o seu artigo 42, parágrafo único, como visto no item imediatamente anterior, tem como um de

---

[319] MICHELON JR., Cláudio. op. cit., p. 134.

seus requisitos a cobrança indevida por parte do fornecedor, o que não existe nessa hipótese fática. Se se concluiu que o banco age em nome e por conta do próprio cliente, tanto que há voluntariedade deste, houve pagamento indevido sem prévia cobrança por parte do banco.

Conclusão

Fontes das obrigações são as hipóteses fáticas que criam relações jurídicas de crédito e débito entre duas ou mais pessoas. No Direito Romano, consoante as *Institutas* de Justiniano (III, 13, 2) eram fontes obrigacionais o contrato, o quase-contrato, o delito e o quase-delito.

O quase-contrato se diferenciava do contrato porque derivava de um ato lícito que não um pacto, um acordo de vontades. O pagamento indevido era considerado um quase-contrato porque havia um pagamento feito por erro (*indebiti solutio*) em favor de outra pessoa, o que obrigava quem o recebeu à restituição.

O Código Civil francês de 1804 recepcionou a referida classificação, tanto que, em sua redação original, o seu artigo 1.371 estabelecia que os quase-contratos são os fatos puramente voluntários do homem, dos quais resulta um compromisso qualquer para com um terceiro, e, por vezes, um compromisso recíproco de duas partes.[320] Mesmo com a reforma de 2016, o diploma legal francês manteve a classificação em tela. Dispõe o artigo 1.302-1 que aquele que recebe por erro ou cientemente que nada lhe é devido se obriga a restituir à quem lhe pagou o que foi indevidamente recebido.[321]

---

[320] "Art. 1.371 – Les quasi-contrats sont les faits purement volontaires de l'homme, dont il résulte un engagement quelconque envers un tiers, et quelquefois un engagement réciproque des deux parties."

[321] "Art. 1.302-1 – Celui qui reçoit par erreur ou sciemment ce qui ne lui est pas dû s'oblige à le restituer à celui de qui il l'a indûment reçu."

A crítica que se faz à inclusão do quase-contrato e do quase-delito nessa classificação é que se apresentam como figuras jurídicas sem aperfeiçoamento dogmático.[322] O quase-contrato, por exemplo, tem no seu cerne uma suposta vontade de criar obrigação que, na verdade, não existe. No caso do pagamento indevido isso é evidente porque quem faz o pagamento somente o faz por erro, não porque quer criar obrigação para quem o recebe de efetuar a restituição; e quem recebe o pagamento não o faz porque quer criar uma obrigação de restituição para si em favor de quem fez o pagamento.

Em razão disso, diplomas legais contemporâneos abandonaram a classificação romana das fontes obrigacionais e seguiram outro caminho. O Código Civil brasileiro de 2002, por exemplo, não elenca essas fontes, tal como faz o BGB na Alemanha. Apesar disso, é possível inferir de seu conteúdo que são tidos como fontes obrigacionais o contrato, o ato unilateral e o ato ilícito.

De acordo com Pontes de Miranda, o negócio jurídico unilateral remonta ao primitivo direito germânico, que desconhecia o *consensus* do direito romano, o qual dava fundamento aos contratos, que abrangiam tanto negócios jurídicos unilaterais quanto bilaterais.[323]

Apesar disso, em razão de um apego excessivo aos contratos, quando se trata de geração de obrigações no campo da licitude, é comum a rejeição dos atos unilaterais como fonte autônoma de obrigações, sendo aceitos somente nos casos previstos em lei, tal como o testamento. Ademais, essa autonomia é criticada pela doutrina por vários motivos, tais como: risco do devedor se obrigar sem se aperceber de todo o alcance de seu ato, pois não existe a fase de negociação, como nos contratos; dificuldade na comprovação da vinculação por negócio unilateral; falta de razoabilidade em impor a quem quer que seja um benefício contra a sua vontade (*invito non datur beneficium*).

Essas críticas não procederam porque a mesma liberdade negocial que existe nos contratos pode existir nos atos unilaterais. Se aquela liberdade

---

Art. 1.302-1 – Aquele que recebe por erro ou ciente de que não lhe é devido é obrigado a restituir aquilo que indevidamente recebeu. (trad. livre)

[322] SILVA, Clóvis Veríssimo do Couto e. *A obrigação como processo*, cit., p. 71.

[323] MIRANDA, Francisco Cavalcanti Pontes de. *Tratado de direito privado*, cit., t. 31, 2004, p. 29.

não é plena, pois os negociantes não podem concluir contratos que violem a lei, devendo ser preservados os valores jurídicos por ela tutelados, também é assim com os atos unilaterais.

A ausência de negociação entre as partes envolvidas não faz com que seja mais arriscado aceitar o ato unilateral como fonte obrigacional, haja vista que a própria negociação pode servir de estímulo à contratação arriscada. A falta de comprovação da vinculação jurídica, por sua vez, não pode servir de fundamento para se relegar os atos unilaterais ao segundo plano, pois também há contratos cuja vinculação é de difícil comprovação, como os verbais, aceitos desde o Direito Romano. Nem por isso, contudo, pensa-se em rechaçá-los. Por fim, não se mostra irrazoável que alguém se beneficie com um crédito sem que tenha consentido previamente, pelo simples fato de que se trata de benefício, não uma obrigação que lhe é imposta, tanto que pode haver negativa do beneficiário.

Diferentemente do Código Civil português de 1966, que em seu artigo 457 dispôs que somente são aceitos negócios jurídicos unilaterais previstos em lei, o Código Civil brasileiro de 2002 não tratou do assunto, o que, à luz do princípio da liberdade negocial exposto no seu artigo 425, significa que são aceitos como fontes obrigacionais quaisquer atos unilaterais, contato que eles não violem a lei.

O diploma civil brasileiro da atualidade deixa entrever uma divisão entre os atos unilaterais: de um lado as declarações unilaterais de vontade e de outro os atos restitutórios. A diferença entre essas espécies de atos unilaterais é que, como o próprio nome indica, apenas no primeiro caso existe uma declaração de vontade propriamente dita, como se verifica na promessa de recompensa. No segundo caso verifica-se a presença de atos materiais que ensejam o enriquecimento alheio e que, por isso mesmo, faz com que o beneficiário seja obrigado à restituição.

Segundo Paolo Gallo, no final do século passado espalhou-se na Europa a noção de que se fazia necessária a reconstrução de uma teoria geral dos remédios restitutórios que não tinham fonte contratual ou derivada de ato ilícito. Isso abrangia o enriquecimento sem causa, a repetição do indébito (pagamento indevido) e a gestão de negócios.[324]

---

[324] GALLO, Paolo. *Il Codice Civile commentario*: arricchimento senza causa. Artt. 2041-2042, cit., p. 31.

São justamente essas as três hipóteses de atos restitutórios previstos no Código Civil de 2002.

Os atos restitutórios têm como fundamento o enriquecimento sem causa. A origem do instituto é discutida na doutrina, sendo também várias as teorias que buscam compreender o seu fundamento. A propósito disso, a teoria mais convincente é aquela de Caemmerer, que desenvolveu a doutrina de Wilburg. Ele divide o enriquecimento em causa em 4 (quatro) espécies, sendo que a primeira delas corresponde ao enriquecimento por prestação (*Leistunsgkondiktion*).

Essa é a hipótese em que se encaixa o pagamento indevido, pois há a realização de uma prestação, sem que exista obrigação subjacente a ela (indébito objetivo) ou, existindo obrigação, sem que ela vincule quem efetuou o pagamento e quem o recebeu (indébito subjetivo). O Superior Tribunal de Justiça já se posicionou no sentido de que foi essa a teoria adotava no Código Civil brasileiro de 2002.[325]

No sistema jurídico pátrio, para que exista pagamento indevido devem estar presentes os seguintes requisitos: ausência de obrigação (causa); prestação feita a título de pagamento; voluntariedade; erro, e; enriquecimento por parte do suposto credor.

Em suma, a ausência de obrigação (causa) corresponde à falta de uma dívida que justifique o pagamento efetuado. Essa falta pode consistir na inexistência da própria relação jurídico-obrigacional, por exemplo, quando não há manifestação e vontade; na sua invalidade, como se dá nos casos de vícios do consentimento ou sociais; ou mesmo nas hipóteses de extinção da relação jurídico-obrigacional por outra razão qualquer.

Disso se pode inferir que o pagamento indevido, atualmente, não se restringe à hipótese antigamente tratada pela *condictio indebiti*. O instituto envolve também as hipóteses da *condictio causa data causa non secuta* (direito de reclamar o que se deu com intuito de alcançar um fim, que não se realizou) e da *condictio ob finitam causam* (direito de restituição quando a causa que dava ensejo ao direito cessou).

A prestação feita a título de pagamento, por sua vez, dada a natureza jurídica do próprio pagamento, que é um ato-fato jurídico, não necessariamente está relacionada ao *animus solvendi*. A realização da prestação

---

[325] Recurso Repetitivo – Tema 610 – STJ – 2ª Seção – REsp 1361182/ RS, rel. p/ o acórdão Min. Marco Aurélio Bellizze, j. 10/08/2016.

que extingue uma obrigação é suficiente para que se conceba o pagamento indevido. Dessa afirmação é possível extrair o terceiro requisito do pagamento indevido, qual seja, a voluntariedade, que está prevista no artigo 876 do Código Civil brasileiro de 2002.

Há voluntariedade se há vontade sincera da pessoa que faz o pagamento, independentemente da iniciativa ser própria ou não. É sob esse prisma que deve ser entendida também a menção à espontaneidade.

No tocante ao erro em que incide o *solvens*, ele não se confunde com o vício do consentimento que tem o mesmo nome. Trata-se da falsa representação da realidade sobre causa (obrigação) que dá ensejo ao pagamento. Considerando que onde lei não distingue não cabe ao intérprete fazê-lo, não se exige que o erro seja escusável.

Por derradeiro, o quinto e último requisito do pagamento indevido consiste no enriquecimento por parte daquele que recebe a prestação. Em regra, o enriquecimento consiste no que foi entregue pelo *solvens*, quando se trata de obrigação de dar. É o viés real do enriquecimento. Tratando-se de outra espécie de obrigação, de acordo com o artigo 881 do Código Civil brasileiro de 2002, o enriquecimento pode ser compreendido em seu viés patrimonial, de modo que corresponda ao que o *accipiens* teve de valorização global de seu patrimônio.

Não preenchidos os requisitos em tela, não tem cabimento falar-se em pagamento indevido, podendo a restituição ser exigida por parte daquele que realizou a prestação, mas pelo subsidiário instituto do enriquecimento sem causa.

É o que ocorre com a repetição do indébito nos contratos de abertura de crédito em conta corrente. Dispõe a Súmula 322 do Superior Tribunal de Justiça que não se exige a prova do erro para que esse efeito jurídico incida. Estivesse a se tratar de presunção do erro por se tratar de indébito objetivo e não haveria qualquer problema, mas a leitura dos julgados que deram ensejo à edição do referido enunciado mostram que a compreensão do Tribunal é que não há pagamento voluntário.

Ora, mas não inexiste vontade não há que se falar em pagamento tampouco em pagamento indevido. E é um equívoco não entrever vontade no lançamento de débito em conta corrente por conta de contrato de crédito em conta corrente porque o cliente bancário atribui um mandato ao banco para que ele realizasse, em seu nome, uma série de atos, dentre os quais pagamentos. Desse modo, se o banco faz pagamentos que não deveria ter feito, inclusive para ele mesmo, a título, por exemplo, de tarifas ou de juros remuneratórios, é como se o próprio cliente os tivesse feito.

A conclusão a que se deve chegar, portanto, sobre o referido enunciado é que há pagamento indevido do cliente no lançamento de débito em conta corrente oriundo de contrato de crédito em conta por parte do banco, sendo que o erro é presumido.

Sendo institutos diversos, pagamento indevido e enriquecimento sem causa não se confundem, embora os efeitos possam ser semelhantes. A partir do momento em que o legislador resolve pinçar uma hipótese específica de uma genérica é porque decidiu atribuir-lhe efeitos diversos. Do contrário, sentido não há na separação e talvez fosse melhor ter seguido a linha do BGB, que previu apenas o enriquecimento sem causa a partir do parágrafo 812.

A propósito dessa possibilidade do legislador tratar de maneira diferente os efeitos dos dois institutos, o Código Civil brasileiro de 2002, à guia de exemplo, previu em seu artigo 206, § 3º, inciso IV, que é de 3 (três) anos o prazo de prescrição para obter restituição fundada em enriquecimento sem causa. Tendo sido apontado apenas esse instituto, o prazo de prescrição do pagamento indevido deveria ser de 10 anos, a teor do artigo 205 do mesmo diploma legal acima, mesmo porque o enriquecimento sem causa tem natureza subsidiária, por força de lei, diversamente do que ocorre com o pagamento indevido. O Superior Tribunal de Justiça, contudo, seguiu caminho contrário e ampliou o espectro da referida regra.[326]

No tocante aos efeitos do pagamento indevido, por derradeiro, cabe verificar a conclusão exposta pelo referido tribunal no Tema 968. Analisou o tribunal a incidência dos juros remuneratórios nos contratos bancários de mútuo feneratício e concluiu que: 1) a repetição do indébito deve incluir os juros remuneratórios, e; 2) os juros remuneratórios não precisam ser pagos ao cliente bancário à mesma taxa utilizada pelo banco no mútuo.

Tendo em vista que o artigo 878 do Código Civil brasileiro dispõe que o *accipiens* de boa-fé tem direito de permanecer com os frutos, o que envolve os juros remuneratórios, que são frutos civis, não se mostra

---

[326] Recurso Repetitivo – Tema 610 – STJ – 2ª Seção – REsp 1360969 / RS, rel. p/ o acórdão Min. Marco Aurélio Bellizze, j. 10/08/2016.

adequada a referida conclusão porque se é que o banco agiu de boa-fé, teria direito a permanecer com a integralidade dos juros remuneratórios que cobrou do cliente, devolvendo-lhe apenas o principal corrigido com juros de mora. De outro lado, se agiu de má-fé, não merece ver relativizada a regra geral de restituição integral daquilo que foi recebido, pois, em regra, já celebrou o negócio com o cliente em posição vantajosa, já que o fez em contrato de adesão; e se é o banco que obtém os lucros da operação, natural que tenha que arcar com os prejuízos, quando eles eventualmente sobrevem.

REFERÊNCIAS

ABRÃO, Nelson. *Direito bancário*. 10. ed. rev. ampl. e atual. por Carlos Henrique Abrão. São Paulo: Saraiva, 2007.

ALEIXO, Celso Quintella. Pagamento. In: TEPEDINO, Gustavo (Coord.). *Obrigações*: estudos na perspectiva civil-constitucional. Rio de Janeiro: Renovar, 2005.

ALMEIDA, Francisco de Paula Lacerda de. *Obrigações*. Rio de Janeiro: Livraria Cruz Coutinho, 1897.

ALVES, José Carlos Moreira. *Instituições de direito romano*: B. parte especial: direito das obrigações; direito de família; direito das sucessões. 4. ed. rev. e acresc. Rio de Janeiro: Forense, 1986.

__. *A parte geral do projeto de Código Civil brasileiro*: subsídios históricos para o novo Código Civil brasileiro. 2. ed. aum. São Paulo: Saraiva, 2003.

AMORIM FILHO, Agnelo. Critério científico para distinguir a prescrição da decadência e para identificar as ações imprescritíveis. *Revista de Direito Processual Civil*, São Paulo, v. 3, p. 95-132, jan./jun. 1961. Disponível em: <http://www.direitocontemporaneo.com/wp-content/uploads/2014/02/prescricao-agnelo1.pdf>. Acesso em: 26 nov. 2016.

FERREIRA, Aurélio Buarque de Holanda. *Miniaurélio: o minidicionário da língua portuguesa*. 6. ed. rev. e atual. Curitiba: Positivo, 2004, p.822.

BANQUE Amex du Canada c. Adams, [2014] 2 RCS 787, 2014 CSC 56 (CanLII). Disponível em: <http://canlii.ca/t/g91dp>. Acesso em: 14 mar. 2017.

BDINE JUNIOR, Hamid Charaf. *Código Civil comentado*. Coordenador Cezar Peluso. 1. ed. Barueri-SP: Manole, 2007.

BETTI, Emilio. *Teoria geral das obrigações*. Trad. Francisco José Galvão Bruno. Campinas: Bookseller, 2006.

BEVILAQUA, Clovis. *Direito das obrigações*. 5. ed. rev. e acresc. Rio de Janeiro: Livr. Ed. Freitas Bastos, 1940.

BIANCA, C. Massimo. *Diritto civile*: la responsabilità. Milano: Giuffrè, 1994. v. 5.

BOBBIO, Norberto. *Da estrutura à função*: novos estudos de teoria do direito. Trad. de Daniela Beccaccia Versiani; rev. técnica de Orlando Seixas Bechara, Renata Nagamine. Barueri-SP: Manole, 2007.

BRASIL. Senado Federal. Secretaria Especial de Editoração e Publicações. Subsecretaria de Edições Técnicas. *Novo Código Civil*: exposição de motivos e texto sancionado. 2. ed. Brasília-DF: Senado Federal. Secretaria Especial de Editoração e Publicações. Subsecretaria de Edições Técnicas, 2005. Disponível em: <http://www.dominiopublico.gov.br/download/texto/sf00019a.pdf>. Acesso em: 08 jul. 2017.

BULGARELLI, Waldirio. *Títulos de crédito*. 16. ed. São Paulo: Atlas, 2000.

CARBONNIER, Jean. *Droit civil*: les obligations. 1. ed. Paris: PUF, 1956. t. 4.

CARVALHO SANTOS, J.M. de. *Código Civil brasileiro interpretado*. 2. ed. Rio de Janeiro: Livr. Ed. Freitas Bastos, 1938. v. 12.

CARVALHO, Carlos Augusto de. *Direito civil brazileiro recopilado*. Rio de Janeiro: Francisco Alves, 1899.

CHAMOUN, Ebert. *Instituições de direito romano*. 2. ed. rev. e aum. Rio de Janeiro: Forense, 1954.

CIAN, Giorgio; TRABUCCHI, Alberto. *Commentario breve al Codice Civile*. 3. ed. Padova: CEDAM – Casa Editrice Dott. Antonio Milani, 1988.

Código brasileiro de defesa do consumidor: comentado pelos autores do anteprojeto. Ada Pellegrini Grinover... [et. al.]. 7. ed. Rio de Janeiro: Forense Universitária, 2001.

Código Tributário Nacional comentado: doutrina e jurisprudência, artigo por artigo, inclusive ICMS. Coord. Vladimir Passos de Freitas. 4. ed., rev., atual. e ampl. São Paulo: Revista dos Tribunais, 2007.

COLIN, Ambroise; CAPITANT, Henri. *Cours élémentaire de droit civil français*. Paris: Librairie Dalloz, 1915. t. 2.

Comentários ao Código de Processo Civil: perspectivas da magistratura. coord. Silas Silva Santos... [et.al.]. São Paulo: Thomson Reuters Brasil, 2018.

Como fazer os juros serem mais baixos no Brasil: Uma proposta dos bancos ao governo, Congresso, Judiciário e à sociedade. Disponível em: https://jurosmaisbaixosnobrasil.com.br/febraban.pdf. Acesso em: 06 mai. 2019.

CORDEIRO, António Menezes. *Tratado de direito civil*: direito das obrigações – introdução, sistemas e direito europeu, dogmática geral. 2. ed. rev. e atual. Coimbra: Almedina, 2012. v. 6. (Coleção Menezes Cordeiro).

COSTA, Mário Júlio de Almeida. *Direito das obrigações*. 12. ed. rev. e act. Coimbra: Almedina, 2014.

COVELLO, Sérgio Carlos. *Contratos bancários*. 3. ed. rev. e atual. São Paulo: Leud, 1999.

CRISTÓBAL MONTES, Angel. El pago: el papel de la voluntad de acreedor y deudor. *Anuario de Derecho Civil*, Madrid, fasc. 2, p. 537-570, abr./jun. 1986. Disponível em: <https://www.boe.es/publicaciones/anuarios_derecho/abrir_pdf.php?id=ANU-C-1986-20053700570_ANUARIO_DE_DERECHO_CIVIL_El_pago:_el_papel_de_la_voluntad_de_acreedor_y_deudor>. Acesso em: 14 fev. 2017.

Comentários ao Código de Defesa do Consumidor. Claudia Lima Marques, Antonio Herman V. Benjamin, Bruno Miragem. 4. ed. rev. atual. e ampl. São Paulo: Revista dos Tribunais, 2013.

DIAS, José de Aguiar. *Da responsabilidade civil*. 2. ed. Rio de Janeiro: Forense, 1950. v. 1.

DIEZ-PICAZO, Luis; GULLON, Antonio. *Sistema de derecho civil*. Madrid: Tecnos, 1976. t. 2.

ESPÍNOLA, Eduardo. *Sistema de direito civil*. Rio de Janeiro: Ed. Rio, 1977.

EXPOSIÇÃO de Motivos do Supervisor da Comissão Revisora e Elaboradora do Código Civil, Doutor Miguel Reale, datada de 16 de janeiro de 1975. *Revista da EMERJ*, n. esp. 2003, Anais dos Seminários EMERJ Debate o Novo Código Civil, parte I, fevereiro a junho 2002. p. 9-34. Disponível em: <http://www.emerj.tjrj.jus.br/revistaemerj_online/edicoes/anais_onovo-codigocivil/anais_especial_1/Anais_Parte_I_revistaemerj_9.pdf>. Acesso em: 18 jul. 2017.

FRANÇA, Rubens Limongi. *Manual de direito civil*: doutrina geral dos direitos obrigacionais. São Paulo: Revista dos Tribunais, 1969. t. 1. (Biblioteca jurídico-universitária, v. 4).

GALLO, Paolo. *Il Codice Civile commentario*: arricchimento senza causa. Artt. 2041-2042. Milano: Giuffrè, 2003.

GODOY, Cláudio Luiz Bueno de. Adimplemento e extinção das obrigações. Pagamento. Noção. Aspectos subjetivos. De quem de pagar. Daqueles a quem se deve pagar. In: LOTUFO, Renan; NANNI, Giovanni Ettore (Coords.). *Obrigações*. São Paulo: Atlas, 2011.

__. Dos fatos jurídicos e do negócio jurídico. In: LOTUFO, Renan; NANNI, Giovanni Ettore (Coords.). *Teoria geral do direito civil*. São Paulo: Atlas, 2008. p. 384-408.

__. *Função social do contrato*: os novos princípios contratuais. 3. ed. São Paulo: Saraiva, 2009.

__. *Responsabilidade civil pelo risco da atividade*: uma cláusula geral no Código Civil de 2002. 2. ed. São Paulo: Saraiva, 2010.

GOMES, Orlando. *Obrigações*. 8. ed. Rio de Janeiro: Forense, 1992.

GONÇALVES, Luís da Cunha. *Princípios de direito civil luso-brasileiro*: parte geral. Dos direitos reais ou direitos sôbre as cousas. São Paulo: Max Limonad, 1951. v. 1.

__. *Princípios de direito civil luso-brasileiro*: direito das obrigações. São Paulo: Max Limonad, 1951. v. 2.

GUERRA, Alexandre. *Princípio da conservação dos negócios jurídicos*: a eficácia jurídico-social como critério de superação das invalidades negociais. São Paulo: Almedina, 2016.

HERNANDES-GIL, Antonio. *Derecho de obligaciones*. Madrid: Rivadeneyra, 1960.

JORNADAS de direito civil I, III, IV e V: enunciados aprovados. Coordenador-Geral: Ministro Ruy Rosado de Aguiar. Brasília-DF: Conselho da Justiça Federal, Centro de Estudos Judiciários, 2012. Disponível em: <http://www.cjf.jus.br/cjf/corregedoria-da-justica-federal/centro-de-estudos-judiciarios-1/publicacoes-1/jornadas-cej/compilacaoenunciado-saprovados-jornadas-1-3-4.pdf>.

JOSSERAND, Louis. Evolução da responsabilidade civil. *Revista Forense*, Rio de Janeiro, v. 38, n. 86, p. 548–559, abr./jun. 1941.

JUNIOR, Luiz Antonio Scavone. *Juros no Direito Brasileiro*. 3. ed., rev., atual. e ampl. São Paulo: Revista dos Tribunais, 2009.

LEITÃO, Luís Manuel Teles de Menezes. *Direito das obrigações*: Introdução. Da constituição das obrigações. 14. ed. Portugal: Almedina, 2017. v. 1.

LEITÃO, Luís Manuel Teles de Menezes. O enriquecimento sem causa no novo Código Civil brasileiro. *Revista CEJ*, Brasília, v. 8, n. 25, p. 24-33, abr./jun. 2004.

LIMA, Alvino. *Da culpa ao risco*. São Paulo: Revista dos Tribunais, 1938.

LISBOA, Roberto Senise. *Responsabilidade civil nas relações de consumo*. São Paulo: Revista dos Tribunais, 2001.

LYONS, Jonathan. *A Casa da Sabedoria: como a valorização do conhecimento pelos árabes transformou a civilização ocidental*. trad. Pedro Maia Soares. – Rio de Janeiro: Jorge Zahar Ed., 2011

LOPES, Miguel Maria de Serpa. *Curso de direito civil*: fontes acontratuais das obrigações: responsabilidade civil. Rio de Janeiro: Livr. Freitas Bastos, 1961. v. 5.

__. *Curso de direito civil*: introdução, parte geral e teoria dos negócios jurídicos. 3. ed. Rio de Janeiro: Livr. Freitas Bastos, 1960. v. 1.

__. *Curso de direito civil*: obrigações em geral. Rio de Janeiro: Livr. Freitas Bastos, 1961. v. 2.

__. *Curso de direito civil*: obrigações em geral. 7. ed. Rio de Janeiro: Freitas Bastos, 2000. v. 2.

LOUREIRO, Francisco Eduardo. Juízo possessório e juízo dominial. *Revista de Direito Imobiliário*, São Paulo, v. 24, n. 50, p. 207-228, jan./jun. 2001.

LOUREIRO, Lourenço Trigo de. *Instituições de direito civil brasileiro*. 4. ed. Rio de Janeiro: B.L. Garnier, 1871. t. 2.

MADALENO, Rolf. *Curso de Direito de Família*. 4. ed., rev., atual. e ampl. Rio de Janeiro: Forense, 2011.

MALUF, Carlos Alberto Dabus. Pagamento indevido e enriquecimento sem causa. *Revista da Faculdade de Direito da Universidade de São Paulo*, São Paulo, v. 93, p. 115-132, jan./dez. 1998.

MARQUES, Cláudia Lima. *Contratos no Código de Defesa do Consumidor*: o novo regime das relações de consumo. 5. ed. rev. atual. e ampl., incluindo mais de 1.000 decisões jurisprudenciais. São Paulo: Revista dos Tribunais, 2005.

MARTINS-COSTA, Judith; HAICAL, Gustavo. Direito restituitório. Pagamento indevido e enriquecimento sem causa. Erro invalidante e erro elemento do pagamento indevido. Prescrição. Interrupção e dies a quo. *Revista dos Tribunais*, São Paulo, v. 104, n. 956, p. 257-295, jun. 2015.

MARTY, Gabriel; RAYNAUD, Pierre. *Les obligations*: les sources. 2. ed. Paris: Sirey, 1988. t. 1.

MICHELON JR., Cláudio. *Direito restitutório*: enriquecimento sem causa, pagamento indevido, gestão de negócios. São Paulo: Revista dos Tribunais, 2007.

MIRANDA, Francisco Cavalcanti Pontes de. *Tratado de direito privado*. 2. ed. Rio de Janeiro: Borsoi, 1958. t. 22.

__. *Tratado de direito privado*. 2. ed. Rio de Janeiro: Borsoi, 1959. t. 24.

__. *Tratado de direito privado*. 2. ed. Rio de Janeiro: Borsoi, 1958. t. 26.

__. *Tratado de direito privado*. 1. ed. atual. por Vilson Rodrigues Alves. Rio de Janeiro: Bookseller, 2004. t. 31.

MONTEIRO, Washington de Barros. *Curso de direito civil*: direito das obrigações: 1ª parte. 22. ed. São Paulo: Saraiva, 1988.

__. *Curso de direito civil*: direito das obrigações: 1ª parte. São Paulo: Saraiva, 1987/1988. v. 4.

__. *Curso de direito civil*: parte geral. 33. ed. São Paulo: Saraiva, 1995. v. 1.

MORAES, Maria Celina Bodin de. *A Constitucionalização do Direito Civil e seus reflexos sobre a responsabilidade civil*. Disponível em: <http://egov.ufsc.br/portal/sites/default/files/a_constitucionalizacao_do_direito_civil_e_seus.pdf>. Acesso em: 07 mai. 2019.

NANNI, Giovanni Ettore. *Enriquecimento sem causa*. 2. ed. São Paulo: Saraiva, 2010.

NARDI, Enzo. *Instituzioni di diritto romano*. Milano: Giuffrè, 1986. v. 3.

NONATO, Orozimbo. *Curso de obrigações*: 2ª parte. Rio de Janeiro: Forense, 1960. v. 2.

NUCCI, Guilherme de Souza. *Individualização da pena*. 2. ed., rev., atual. e ampl. São Paulo: Revista dos Tribunais, 2007.

NUNES, Luis Antonio Rizzatto – *Curso de direito do consumidor: com exercícios*. 4. ed. São Paulo: Saraiva, 2009.

PEREIRA, Caio Mário da Silva. *Instituições de direito civil*. Rio de Janeiro: Forense, 1992. v. 2.

__. *Teoria geral das obrigações*. 23. ed. rev. e atual. por Guilherme Calmon Nogueira da Gama. Rio de Janeiro: Forense, 2010.

PERLINGIERI, Pietro. *O direito civil na legalidade constitucional*. Trad. de Maria Cristina de Cicco. Rio de Janeiro: Renovar, 2008.

POSNER, Richard A. *Values and consequences: an introduction to economic analysis of law*. Disponível em: <https://www.law.uchicago.edu/files/files/53.Posner.Values_0.pdf>. Acesso em 07 mai. 2019.

RAMOS, Elival da Silva. *Ativismo judicial*: parâmetros dogmáticos. 1. ed. São Paulo: Saraiva, 2010.

RÁO, Vicente. *O direito e a vida dos direitos*. 5. ed. anot. e atual. por Ovídio Rocha Barros Sandoval. São Paulo: Revista dos Tribunais, 1999.

REALE, Miguel. *História do novo Código Civil*. São Paulo: Revista dos Tribunais, 2005.

RIPERT, Georges. *A regra moral nas obrigações civis*. Trad. Osório de Oliveira. Campinas: Bookseller, 2000.

RIZZARDO, Arnaldo. *Contratos de crédito bancário*. 7. ed. rev., ampl. e atual. São Paulo: Revista dos Tribunais, 2007.

ROCHA, Manuel Antônio Coelho da. *Instituições de direito civil*. São Paulo: Saraiva, 1984. t. 1.

RODRIGUES JUNIOR, Otavio Luiz. *Revisão judicial dos contratos*: autonomia da vontade e teoria da imprevisão. 2. ed. rev. ampl. e atual. São Paulo: Atlas, 2006.

ROSSEL, Virgile. *Manuel du droit civil suisse*. Lausanne: Librairie Payot & Cie., 1910.

RUGGIERO, Roberto de. *Instituições de direito civil*: Direito das obrigações. Direito hereditário. Tradução da 6. ed. italiana, com notas remissivas aos Códigos Civis brasileiro e português pelo Dr. Ary dos Santos. São Paulo: Saraiva, 1958. v. 3.

SANTOS, Joaquim Felício dos. *Projecto do Código Civil brasileiro e comentário*. Rio de Janeiro: Laemmert, 1884.

SCHREIBER, Anderson. *Novos paradigmas da responsabilidade civil*: da erosão dos filtros da reparação à diluição dos danos. 5. ed. São Paulo: Atlas, 2013.

SILVA, Clóvis Veríssimo do Couto e. *A obrigação como processo*. Rio de Janeiro: Ed. FGV, 2006.

SILVA, Jorge Cesa Ferreira da. *Adimplemento e extinção das obrigações*. São Paulo: Revista dos Tribunais, 2007.

SILVA, Rafael Peteffi. *Teoria do adimplemento e espécies de inadimplemento*. Disponível em: <http://www.direitocontemporaneo.com/wp-content/uploads/2014/02/PETEFFI-Teoriaadimplemento.pdf >. Acesso em: 25 abr. 2019.

TEIXEIRA DE FREITAS, Augusto. *Consolidação das Leis Civis*. Brasília-DF: Senado Federal, 2003.

__. *Esboço do Código Civil*. Brasília-DF: Ministério da Justiça; Fundação Universidade Brasília, 1983.

TUHR, Andreas von. *Tratado de las obligaciones*. 1. ed. Trad. por W. Rose. Madrid: Reus, 1934. t. 1.

VARELA, João de Matos Antunes. *Das obrigações em geral*. Coimbra: Almedina, 1970.

__. *Das obrigações em geral*. 10. ed. rev. actual. Coimbra: Almedina, 2011. v. 1.

VENOSA, Silvio de Salvo. *Direito civil*: parte geral. 3. ed. São Paulo: Atlas, 2003.

WESTERMANN, Harm Peter. *Código Civil Alemão; direito das obrigações; parte geral*. trad. Armindo Edgar Laux. Porto Alegre: Sérgio Antônio Fabris Editor, 1983.

WIEACKER, Franz. *História do direito privado moderno*. 3. ed. Tradução de A. M. Botelho Hespanha. Lisboa: Fundação Calouste Gulbekian, 1967.